にこにこ

웃으면서 쉽게 배우는

독학 일본어

独学 日本語

권 오 규 지음
(경북대학교 교수)

에듀컨텐츠·휴피아
ECH Educontents·Huepia

にこにこ
웃으면서 쉽게 배우는
독학 일본어(独学 日本語)

2019년 9월 20일 초판 1쇄 인쇄
2019년 9월 25일 초판 1쇄 발행

저 자 | 권 오 규 著

발 행 처 | 에듀컨텐츠휴피아
발 행 인 | 李 相 烈
등록번호 | 제2017-000042호 (2002년 1월 9일 신고등록)
주 소 | 서울 광진구 자양로 30길 79
전 화 | (02) 443-6366
팩 스 | (02) 443-6376
e-mail | iknowledge@naver.com
web | http://cafe.naver.com/eduhuepia
만든사람들 | 기획 · 김수아 / 책임편집 · 이진훈 황혜영 이지원 길은지
디자인 · 김미나 유충현 / 영업 · 이순우

I S B N | 978-89-6356-262-9 (13730)

정 가 | 17,000원

본 도서의 국립중앙도서관 출판예정도서목록(CIP)은 서지정보유통지원시스템 홈페이지(http://seoji.nl.go.kr)와 국가자료종합목록 구축시스템(http://kolis-net.nl.go.kr)에서 이용하실 수 있습니다.
(CIP제어번호 : CIP2019030584)

도서검색용 QR코드

머 리 말

이 책의 구성을 설명하기에 앞서 나의 제자인 S학생에 대하여 이야기를 먼저 하고자 한다. 컴퓨터학과에서 학사 학위를 취득한 S학생은 2006년 3월 새로운 분야에 도전하고자 경북대학교 산림자원학과 3학년으로 편입을 하였다. S학생은 배우고자 하는 의지가 굳건한 학생으로 가정형편이 어려웠기 때문에 부모님의 부담을 덜어주기 위하여 공부와 신문배달을 병행하고 있었다. 나 역시 지난날 구두닦이와 자동차 교습소에서 S자 · T자 실기교사와 학사복 판매를 하였고 일본에 유학을 가서도 아사히(朝日) 신문을 배달하며 등록금과 생활비를 어렵게 마련하여 박사학위를 취득했기에 신문배달을 하고 있는 S학생을 딱하게 여겨 나의 연구실에서 공부를 할 수 있도록 받아들이게 되었다.

교수로 임명되면서 학생들이 오늘날 세계화 · 국제화 · 글로벌 시대에 부응하기 위해서는 무엇보다 일본어 공부가 필요하다고 판단하여 15년간 개인적으로 만든 자료를 가지고 S학생을 비롯하여 L학생 등 가정형편이 어려운 환경에 놓여있는 다수의 연구실 제자들에게 일본어를 가르쳤다. 일본어 공부와 한자 공부를 밤과 낮, 토요일과 일요일, 여름방학과 겨울방학도 없이 열정적으로 지도한 성과로 나의 산림정책학 연구실에 있는 다수의 연구실 제자들은 짧은 기간에 대부분 일본어 1 · 2급 자격증을 취득하였고, 나의 제자들은 모두 한자는 물론 일본어를 자유자재로 듣고, 말하며, 쓰기와 문서작성까지 자유롭게 할 수 있게 되었다.

말없이 믿고 묵묵히 따라주었던 S학생은 나의 염원이 통했는지 2년 만에 농학사 학위를 취득하였고, 2009년에는 본인의 노력으로 동경대학 석 · 박사과정에 입학함과 동시에 동경대학 외국인유학생 특별장학금 장학생으로 선정되어 박사 수료 시까지 전액 장학금과 생활비 전액을 지원받았다. 그리고 일본 동경대학 대학원 석 · 박사과정의 연구 및 논문 작성을 무사히 이수하여 박사학위를 취득하였고 L학생 또한 동경대학 대학원 석 · 박사과정으로 유학을 가게 되었다.

'웃으면서 배우는 독학 일본어' 책은 S학생과 L학생을 동경대학으로 유학을 보내는데 일조한 일본어 자료들을 총정리하였다.

이 책은 일본어의 기본적인 체계를 바탕으로 쉬운 방법으로 웃으면서 일본어를 독학할 수 있도록 집필을 하였기 때문에 일본어 공부를 하는데 빠른 시간 내에 뚜렷한 성과가 있을 것으로 생각된다. 60대는 6개월, 50대는 5개월, 40대는 4개월, 30대는 3개월, 20대는 2개월 만에 일본어를 완성할 수 있도록 구성하였으니 일본어를 배우려는 모든 학생들과 일본어에 관심을 가지고 있는 일반인들에게 큰 성과가 있었으면 한다.

이 책이 완성되기까지 자료의 수집과 정리를 도와준 제자 손지영 박사와 2019년 대학원 진학을 희망하는 박기성 군에게 진심으로 감사함을 표한다. 그리고 바쁜 일정에도 불구하고 자서전 편집에 도움을 주신 이성억 병원장에게도 깊이 감사드린다. 끝으로 이 책의 출간을 위해 큰 도움을 준 에듀컨텐츠휴피아 출판사의 이상렬 대표를 비롯한 임직원 여러분께 고마움의 말씀을 전한다.

2019년 9월

경북대학교 교수 **권 오 규**

목 차

일본어 이해하기 編 ▸ 3

일본어 기초 編 ▸ 21

목 차

이책은 이렇게 공부하세요

이 책은 20대부터 60대까지 누구나 쉽고 재미있게 학습할 수 있도록 총 8편의 테마로 구성되어 있습니다. 언어에서 가장 중요한 것은 반복입니다.
하루 10분 자기개발의 시간을 가져 보세요.

하루 10분 자기개발의 시간

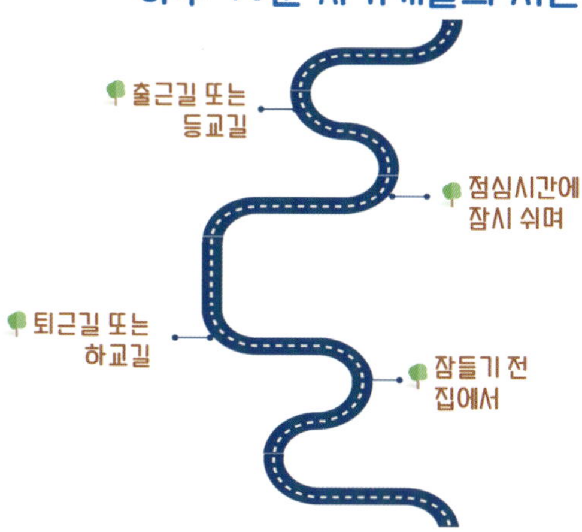

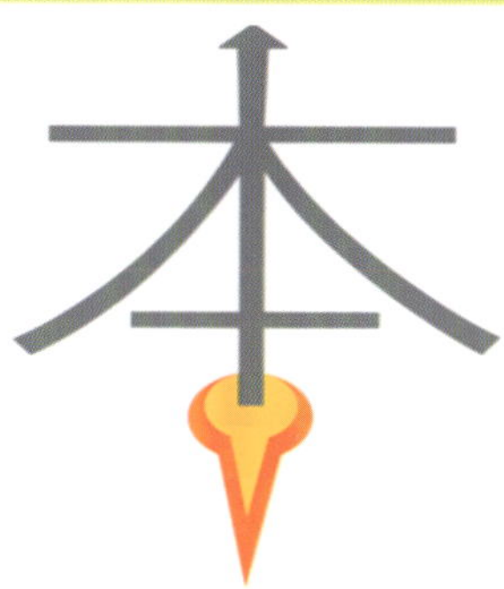

기본이 튼튼해야 성적이 향상 됩니다. 그 기본을 쉽게 재미있고 빠르게 끝내는 것이 중요합니다.
기본에 충실한 일본어 교재입니다.

에듀컨텐츠·휴피아
Educontents·Huepia

にこにこ

웃으면서 쉽게 배우는 독학 일본어

独学 日本語

권 오 규 著

에듀컨텐츠 휴피아
ECH Educontents Huepia

에듀컨텐츠·휴피아
Educontents·Huepia

일본어 이해하기 編

NIPPON
日本
NIHON

에듀컨텐츠·휴피아
Educontents·Huepia

1. 일본과 일본어를 알고 같이 가자!

일본어를 공부하기 전에 일본을 먼저 알아보자!!

- 국명 : 일본(日本, JAPAN)
- 위치 : 북위 45도 33분에서 20도 25분 사이에 위치, 4개의 섬으로 구성
- 구성 : 4개의 주된 섬과 주위의 3,000개~4,000여 개의 작은 섬
  4개 섬: 홋카이도(北海道), 혼슈(本州), 규슈(九州), 시코쿠(四國)
- 언어 : 일본어
- 면적 : 377,915㎢ 세계62위 (CIA 기준)
- 인구 : 약 126,451,398명 세계10위 (2017.07. est. CIA 기준)
- 수도 : 도쿄(東京, Tokyo)
- GDP : 4조 8,844억$ 세계3위 (2017 IMF 기준)
- 기후 : 해양성의 온화한 기후, 홋카이도와 혼슈 북부 및 중부 내륙고지아한대다우기
- 종교 : 神道(Shintoism)신도 52.3%, 불교 42.2%, 기독교 1.1%, 기타 4.3%,
- 교육 : 의무교육 9년(소학교 6년, 중학교 3년)
- 국가형태 : 입헌군주제
- 정부형태 : 내각책임제

일본어를 공부하기 전에 일본을 먼저 알아보자!!

“일본”(日本)이라는 국호가 성립한 시기는 7세기 후반이라고 추정된다고 합니다. 왜국으로써 한국의 백제부터 조선시대까지 한국의 원조를 받았다고 하네요. 현존하는 문헌에서 등장한 것은 701년의 견당사(遣唐使)가 처음으로 "일본"의 의미는 외교로 대륙과 대등한 입장이라는 선언이라고 여겨진다고 해요. 그러나 당시의 일본 영역은 기나이를 중심으로 한 주변 지역만이었고, 간토 지방 이북과 규슈 지방 이남은 야마토 조정의 지배 밖에 있었다고 해요. 그 후, 일본은 주변의 민족을 소탕·흡수하는 것으로 서서히 확대를 계속했고 그 사이에 전면적인 대외 전쟁은 한반도나 원나라와의 사이에서 몇 차례 있었던 정도라고 합니다. 그러다가 1871년 번(藩)을 폐지하고 현(県)을 설치한 것(廢藩置縣)과 1872년의 ‘류큐 처분(琉球處分)’을 통해 류큐 왕국을 합병한 결과, 현재의 영토와 같아졌다고 해요. 또한 일본제국 헌법 제정으로 군사 정권인 막부가 일본을 실질적으로 통치하는 도쿠가와 막부 체제에서 헌법상으로 ‘천황이 주권을 가지는’ 일본제국으로 국가 체제가 바뀌었다고 합니다. 지진과 활화산이 많은 일본은 크게 7개의 섬과 그 부속도서로 이루어지는데 큰 섬 4개는 북쪽으로부터 홋카이도, 혼슈, 시코쿠, 규슈예요. 면적은 약 37만8천 제곱킬로미터나 되고요.

일본의 행정구역은 1도(일본어: 都, 도쿄 도), 1도(일본어: 道, 홋카이도), 2부(府, 오사카 부와 교토 부), 43현(일본어: 県)으로 이루어져 있어요. 모두 도도부현에 속하며, 더 작은 행정 단위인 시정촌(일본어: 市町村 시쵸손)이 있어요.

일본을 편의상 8개 혹은 10개의 지방으로 나누어서 보기도 하는데, 일본의 4대 섬에 있는 지방과 이에 소속되는 도도부현을 표시하면 지도예요. 참고하세요.

일본어 독학 방법을 알아보자

히라가나 가타카나는 한국어로 치면 가나다라 라고 생각할 수 있는데 총 50음도를 기초로 쉽게 외울 수 있는데 기초단어와 함께 발음과 동시에 음도가 생각날 수 있도록 반복해서 쓰고, 읽고를 통해 각인 되는 것이 중요합니다

기초가 되지 않으면 문장, 문법에 들어가서 헷갈리기 쉽고 중급이상 부터는 한자를 병행하기 때문에 기초를 튼튼히 하는 부분이 제일 중요합니다.

언어를 익히는데 해당 나라 문화를 알고 습득하는 것이 좋은데 일본은 그런 분에서 일본 드라마, 애니메이션, 영화 등 친숙한 부분이 많기 때문에 상황을 인지하고 문장을 대입하십시오.

또한, 문장을 소리 내어 읽고 영상을 볼 때는 한국 자막 없이 일본어 자막 또는 자막 없이 소리에 집중에 학습하시면 일본어 독학에 더욱 효과적인 방법입니다.

고등학교부터 제2 외국어 선택을 필수로 하면서 EBS 교육방송에서 일본어 교육을 함께 하는 데 참고하시면 좋고 인터넷 유튜브에는 다양한 영상이 많은데 일본어 강좌를 청취하면 인강비, 학원비를 줄일 수 있는 꿀 팁입니다.

일본어 독학 시 가장 어려운 부분 한자인데 음독과 훈독으로 나뉘어지면서 읽는 법, 뜻이 일반 한자와 달라지기 때문에 천천히 습득하는 게 일본어 독학의 좋은 방법입니다.

일본어를 이해해보자

일본어 문법을 현대적으로 연구하기 시작된 것은 19세기이다. 한국어에 비해 한 세기 정도 앞선 만큼 체계와 규칙성이 잘 정리된 측면이 있다. 또 그 때문에 타국어 사용자가 접하기 쉬운 언어가 되었기도 하다.

단순 학습자에게 일본어의 문법은 간단히 정리하자면 어미의 활용의 비중이 크다 할 수 있다. 특히, 형용사와 동사는 그 어미변화가 핵심이라 할 수 있다. 또한 일본어의 조사는 일본어 학습자들에게 중요한 요소로, 일본어와 같이 조사를 덧붙여서 문장을 구성하는 문법을 가진 한국어 화자의 경우에는, 그저 한국어와 같다고 생각해 잘못되거나 어색한 표현을 만들어 내거나, 번역체를 만들어냈다.

마지막으로 일본어 문법의 중요 포인트는 경어라 할 수 있다.

일본어의 경어는 한국어 보다 복잡하며 현지 일본인에게도(특히 비즈니스를 위한 경어) 이는 복잡한 요소이다.

일본어에서는 한국어와 영어의 문장부호 '.(온점)', ',(반점)', '!(느낌표)', '?(물음표)' 등을 사용하지 않는다. 물음표나 느낌표의 경우에는 젊은이나 방송계를 중심으로 점점 사용이 늘어나는 추세이나, 공식적으로는 인정하지 않고 있어 서적에서는 보기가 어렵다.

기본적으로 마침표와 쉼표는 각각 '。(고리점)'와 '、(모점)을 사용하며 각각 일본어로는 句点, 読点이라 부른다. 또한 큰따옴표와 작은따옴표를 대신하여 '「　」(낫표, 角括弧 또는 大括弧)'와 '『　』(겹낫표, 二重鉤括弧, 二重鉤, 白括弧)'를 쓴다.

주로 반각문자를 쓰는 한국어, 영어와는 달리 전각문자를 사용한다.

예)

1. 私ね、サッカーが好き。(고리점을 사용)
2. 私は「勉強しなさい」と母に言われた。(낫표를 사용)

일본어의 어순은 기본적으로 한국어와 같은 S+O+V(Subject/ Object/ Verb; 주어-목적어-동사)의 형태를 취한다. 한국어와 비교를 해보면, 한국어에서는 "나는 밥을 먹는다"라는 문장으로 예를 들면 주어(나)＋목적어(밥)＋동사(먹다)의 형태를 취한다.

일본어 문장은 「私はごはんを食べる」 주어(私), 목적어(チキン), 동사(食べる)로 구성되어 있다. 이런 어순상의 유사성으로 한국인들은 일본어를 쉽게 학습할 수 있는 장점이 있다

일본어의 시제는 한국어와 동일하게 과거와 비과거(현재+미래)의 형태로만 존재한다. 그러나 의미와 형태상으로 한국어와 완전히 일치하지는 않는다. 예를 들면 다음과 같다.

- 毎日チキンを食べたい。(비과거)
- 毎日チキンを食べたかった。(과거)
- 来週１７歳になります。(비과거)
- 先週１７歳になりました。(과거)

2. 한국어와 일본어 비교

공통점

● **한국어와 일본어는 닮았다.**

어순이 같다는 것은 언어를 인식하는 체계가 같은 것이므로 그만큼 다른 외국어와 비교하여 배우기 쉽다고 할 수 있다.

● **같은 한자문화권에 있다.**

때문에 한자어에서 비롯된 단어의 경우에는 일부 예외를 제외하고는 대부분 의미 또한 일치한다. 즉 한자어의 경우 의미를 별도로 공부하지 않고도 알 수 있다.

차이점

문법체계는 비슷하지만 언어습관이 다르다.

문화적으로 한국이 왕과 양반을 중심으로 한 중앙집권적 사회였다면 일본은 중앙의 무사가 지방의 무사를 견제하는 봉건사회였다. 한국의 지배계층이 유교적 지식과 소양을 갖춘 양반 또는 선비였다면, 일본의 지배계층은 무사(사무라이)였으며 사무라이들이 유교를 소화하였다. 이러한 문화적 차이는 사물을 보는 시각과 해석의 차이를 빚어내기 때문에, 한국어와 일본어가 문법적, 발음적으로 닮았음에도 불구하고 또한 배울수록 어렵다는 시각을 갖게 한다.

발음체계가 다르다.

한국어에는 다양한 받침이 있으나, 일본어에는 ん、っ 등 제한된 받침밖에 없다. 한국어에 받침이 많다는 말은 발음을 자연스럽게 하기 위해서 연음을 해야 할 필요성이 생긴다는 뜻이지만, 받침의 수가 적은 일본어에서는 연음할 필요성이 별로 없다.

차이점 II

첫째, 일본어에서는 한자의 획수를 줄인 '약자'를 사용합니다.

물론 한국어에서 사용하는 정자체의 한자를 그대로 사용하는 한자도 많지만, 일반적으로 일본 한자는 한국 한자와 뜻과 음이 똑같은 한자라도 다른 형태의 한자를 사용하므로 이때 일본 한자의 형태가 아닌 한국 한자를 사용하게 되면 틀리게 되므로 주의해야 합니다.

둘째, 일본어에서는 단어가 외래어인 경우는 반드시 가타카나(カタカナ)로만 표기합니다.

한국어에서는 순수 우리말이든 한자어든 외래어든 모두 한글로만 표기한다는 점과 다릅니다.

셋째, 일본어는 띄어쓰기를 하지 않습니다.

일본어 문장은 히라가나, 가타카나, 한자의 세 가지 문자 형태로 구성되므로 굳이 띄어쓰기를 하지 않아도 의미 구분을 할 수 있기 때문이지요.

넷째, 일본어에서는 의문문에 물음표(?)를 사용하지 않습니다.

의문의 뜻을 가진 종조사 か가 문장 끝에 사용되므로 굳이 물음표를 넣지 않고 일반적인 마침표를 사용하여 문장을 끝맺는 것이 원칙입니다.

일본어에는 50음도 (ごじゅうおんず : 五十音図) 라는 표가 있어서 일본어에 있어서 50개의 기본발음과 문자를 설명하고 있습니다. 50음도라고 하면 마치 50개의 음을 기록한 것으로 느낄 수 있지만, 중복되는 발음을 제외하면 대략 46개의 기본음이 있습니다. 한글은 모음과 자음을 조합하여 글자를 만들지만, 일본어는 모음과 자음의 구분 없이 글자를 나열하여 단어와 문장을 표기합니다. 일본어는 히라가나 가타카나 그리고 한자로 구성되어 있어요.

한국어의 문장 구조

(명사)	(조사)	(부사)	(명사)	(조사)	(동사)	(종조사)
나	는	지금	밥	을	먹는	다.
[주어]			[목적어]		[술어]	

일본어의 문장 구조

(명사)	(조사)	(부사)	(명사)	(조사)	(동사)	(종조사)
わたし	は	いま	ごはん	を	たべ	る
[주어]			[목적어]		[술어]	

첫째, 문장의 구조가 동일합니다.

즉, '주어+목적어+술어'의 순서로 문장이 구성되지요. 특히, 명사인 단어 뒤에 조사를 붙여서 사용한다는 점을 비롯하여 문장의 서술부 역시 명사인 단어 뒤에 서술 종조사를 붙여서 사용한다는 점까지 모두 똑같습니다. 그래서 일본어 단어의 뜻을 알고 기본적인 조사의 뜻을 알면 문장을 쉽게 만들어낼 수 있어서 일본어 공부를 시작하는 초급 학습자들이 엄연히 외국어인 일본어를 쉽게 이해하고 받아들일 수 있게 됩니다. 이러한 문장 구조의 동일함으로 인하여 일본어를 처음 배우기 시작하면 학습 진도가 무척 빠르게 진행되는 경향이 보입니다.

둘째, 일본과 한국 모두 한자를 사용하고 있습니다.

따라서 한자 한 글자의 개별적인 읽는 음만 알고 있으면 그 각 한자를 조합하여 만들 수 있는 다양한 한자 어휘들을 읽어낼 수가 있게 됩니다. 왜냐하면, 한자의 음을 읽는 발음은 한국어에서든 일본어에서든 크게 다르지 않기 때문이지요.

히라가나

히라가나는 우리말의 자음, 모음에 해당하는 것으로 한자의 초서체를 본떠서 까다로운 획수를 생략하고 간단하고 부드럽게 만든 것 이예요. 처음에는 주로 여자들이 사용해서 여자 글자라 했는데 현대 일본어에는 모든 문장, 인쇄, 필기 등에 고루 쓰이고 있답니다.

가타카나

가타카나는 남자들이 한문을 배울 때, 한자 옆에 토를 달기 위해 일종의 기호로 사용했는데 한자의 일부분이나 한자의 획을 간단히 만든 문장이예요. 오늘날 히라가나보다 사용 범위가 좁고 주로 외래어, 강조, 인명, 지명, 의성 의태어 등에 쓰이는데 방송이나 신문, 잡비 등에서 사용빈도가 점차 늘어나고 있다고 해요.

우리나라에서 한자와 한글을 혼용하여 사용하듯이 일본에서도 한자를 함께 사용합니다. 한자를 읽을 때는 음으로만 읽지 않고, 음독(音読 : 음으로 읽는방법), 훈독(訓読 : 뜻으로 읽는 방법) 또는 음과 훈을 섞어서 읽습니다.

3. 히라가나 ひらがな

	あ단	い단	う단	え단	お단
あ행	あ a	い i	う u	え e	お o
か행	か ka	き ki	く ku	け ke	こ ko
さ행	さ sa	し si	す su	せ se	そ so
た행	た ta	ち chi	つ tsu	て te	と to
な행	な na	に ni	ぬ nu	ね ne	の no
は행	は ha	ひ hi	ふ hu	へ he	ほ ho
ま행	ま ma	み mi	む mu	め me	も mo
や행	や ya		ゆ yu		よ yo
ら행	ら ra	り ri	る ru	れ re	ろ ro
わ행	わ wa				を o
	ん n				

4. 가타카나 カタカナ

	ア단	イ단	ウ단	エ단	オ단
ア행	ア a	イ i	ウ u	エ e	オ o
カ행	カ ka	キ ki	ク ku	ケ ke	コ ko
サ행	サ sa	シ si	ス su	セ se	ソ so
タ행	タ ta	チ chi	ツ tsu	テ te	ト to
ナ행	ナ na	ニ ni	ヌ nu	ネ ne	ノ no
ハ행	ハ ha	ヒ hi	フ hu	ヘ he	ホ ho
マ행	マ ma	ミ mi	ム mu	メ me	モ mo
ヤ행	ヤ ya		ユ yu		ヨ yo
ラ행	ラ ra	リ ri	ル ru	レ re	ロ ro
ワ행	ワ wa				ヲ o
	ン n				

5. 문자와 발음

발음

일본어는 모음과 반모음, 그리고 자음으로 이루어져 있습니다. 이 세 가지를 다시 발음으로 구분하면 청음, 탁음, 반탁음, 요음, 촉음, 발음, 장음 등 7가지라 나눌 수 있습니다.

모음

일본어의 모음은 'あ、い、う、え、お'의 다섯 글자로, 우리말로 발음하면 '아, 이, 우, 에, 오'와 같습니다.

반모음

반모음은 'や、ゆ、よ、わ'의 네 글자뿐입니다. 우리말 발음은 '야, 유, 요, 와'입니다.

자음

자음은 50음 중에서 모음과 반모음을 뺀 나머지입니다. 일본어는 자음을 독립적으로 사용하지 않고 모음 앞에서 모음과 합하여 사용합니다. [자음+모음] 형태로 사용합니다.

※ 일본어의 기본 모음과 つ

か行 (か・き・く・け・こ) 와 が行 (が・ぎ・ぐ・げ・ご)

우리말과 일본어의 소리의 세기를 기호로 나타내면, が < 가 < か 정도로 나타낼 수 있습니다. 때문에 일본사람들 귀에는 한국어의 '가'라는 발음이 때로는 か로 들리고 때로는 が로 들릴 수 있습니다. 또한 우리말에서 말머리에 오는 '가'가 뒤에 오는 '가'보다 발음이 셉니다. 이러한 이유로 일본의 교토 (きょうと : 京都) 를 교토라고 표기하지 않고 교토라고 표기합

니다. 즉 우리나라 사람이 교토라고 발음하면 말머리의 '교'라는 발음이 일본사람 귀에는 きょう로 들릴 가능성이 높습니다. 따라서 が・ぎ・ぐ・げ・ご로 시작되는 일본어는 강하게 발음하지 않도록 주의해야 합니다.

た行 (た・て・と) 와 だ行 (だ・で・ど) : ①의 설명과 같음. は行와 ば行도 마찬가지.

ざ行 (ざ・ず・ぜ・ぞ)

이 발음은 우리말에는 없는 발음입니다. 영어의 Z 발음과 같으므로 각각 ざ (za) , ず (zu) , ぜ (ze) , ぞ (zo) 로 발음할 수 있도록 노력하기 바랍니다.

う단 (う・く・ぐ・す・つ・づ・ぬ・ふ・ぶ・ぷ・む・ゆ・る)

う단의 발음을 우리말로 표기했을 때 우・쿠・구・누・후・부・무・루 등 모두 모음 'ㅜ'가 들어 있습니다. 그러나 일본어에 있어서의 う단의 발음은 우리말의 'ㅜ'와 'ㅡ'의 중간형태입니다. 따라서 'ㅜ'처럼 너무 입 주위를 오므려서 내밀지 말고, 또한 'ㅡ'처럼 입을 옆으로 벌리지도 말아야 합니다.

つ

이 발음 역시 우리말에는 없는 발음으로 우리말의 'ㅊ'도 'ㅆ'도 아닙니다.

④의 설명처럼 모음을 만든 후에, 윗이빨과 잇몸이 닿는 경계부분에 혀끝을 대어서 발음합니다. 그러나 우리나라 사람에게 있어서는 익숙하지 않은 발음이므로 연습이 많이 필요하며 일본인에게 확인을 받는 것이 좋습니다.

ん

이 발음은 대부분 말머리에는 오지 않고 받침으로만 사용되는데 ん바로 뒤에 오는 발음에 따라서 ん의 발음이 변합니다.

- ん바로 뒤에 ㄴ,ㄷ,ㅌ,ㅅ,ㅈ,ㅊ과 같은 발음이 오면 ん도 그와 같은 성격인 ㄴ으로 발음합니다.

  예) 손-나 (そんな : 그런) , 콘-도 (こんど : 이 다음에) , 혼-토- (ほんとう : 정말) , 켄-사 (けんさ : 검사) 쥰-죠- (じゅんじょう : 순정, 손-쵸- (そんちょう : 존중)
- ん바로 뒤에 ㅁ,ㅂ,ㅍ과 같은 순음이 오면 ん도 그와 같은 순음인 ㅁ으로 발음합니다.

  예) 삼-마 (さんま : 삼치) , 람-보- (らんぼう : 난폭) , 맘-푸크 (まんぷく : 배부른 상태)
- ん바로 뒤에 ㄱ,ㅋ,ㅇ 등 구개음이 오면 ん도 그와 같은 구개음인 ㅇ으로 발음합니다.

  예) 싱-가- (シンガー : 가수 싱어) , 겡-키 (げんき : 건강,원기) , 뎅-와 (でんわ : 전화)

받침으로 사용되는 つ

이 발음 역시 ⑥의 경우처럼 뒤에 오는 발음에 따라 달라집니다.

- 바로 뒤에 ㅅ,ㅊ이 올 경우에는 ㅅ으로 발음합니다. 예) 솟-센- (そっせん : 솔선) , 솟-쵸크 (そっちょく : 솔직)
- 바로 뒤에 ㅋ이 올 경우에는 ㄱ으로 발음합니다. 예) 각-코- (がっこう : 학교) , 혹-카이도- (ほっかいどう : 북해도)
- 바로 뒤에 ㅍ이 올 경우에는 ㅂ으로 발음합니다. 예) 삽-포로 (さっぽろ : 북해도 삿뽀로) , 갑-페이 (がっぺい : 합병)

장음과 단음

장음은 같은 모음과 모음이 연달아 나올 때 발생하고, 읽을 때는 한 박자의 장음을 길게 늘여 두 박자로 발음합니다. 주로 외래어 표기에 쓰이는 가타카나의 경우에는 [-]로 표기합니다. 일본어 발음표에서 알 수 있듯이 일본어는 발음할 수 있는 수가 한정되어 있습니다. 소리의 수가 적다는 것은 그만큼 동음이의어가 많이 생길 수밖에 없는데, 일본어에서는 긴소리와 짧은소리를 구분하기 때문에 조금이나마 동음이의어를 줄일 수 있습니다. **이 말은 일본어에 있어서 긴소리와 짧은 소리의 구분은 매우 중요하다는 뜻이므로 반드시 구분해서 발음해야 함을 뜻합니다.**

예)
교양을 일본어로 きょうよう (教養) 라고 쓰는데, 우리말 표기에 따라서 발음하면 '쿄우요우'가 됩니다.
연음하면 '쿄오요오'가 되고, 우리말처럼 긴소리와 짧은소리를 구분하지 않고 발음하면 '쿄요'가 되어버립니다.
그러나 일본어에는 허용을 뜻하는 きょよう (許容) 라는 단어가 있습니다. 이것을 우리말로 표기하면 '쿄요우'가 됩니다. 이것을 연음하면 '쿄요오'라고 발음하며, 우리말처럼 장음단음의 구분을 하지 않고 발음하면 '쿄요'가 되어버리기 때문에 결국 동음이의어가 되어버릴 수밖에 없지만 일본사람들은 이것을 명확하게 구분하여 인식하고 있습니다.

예)
구조 : 코-조- (こうぞう : 構造)
어린놈: 코조- (こぞう : 小僧)
늑대: 오-카미 (おおかみ : 狼)
일본여관의 여주인: 오카미 (おかみ : 女将)

받침으로 쓰이는 っ와 ん도 마찬가지로 시간차를 적용하여 발음해야 합니다. 예를 들어 일본어로 분위기를 ふんいき (雰囲気) 라고 합니다. 우리말로 표기하면 '훙이키'가 되지만 ん의 존재를 긴소리로 나타내기 위하여 '훙-이키'라고 발음해야 합니다. 또한 ほっかいどう (北海道) 의 경우 우리말로 표기하면 '혹카이도'인데 우리의 언어습관대로라면 '호카이도'로 발음하기 쉽습니다. 이 경우도 마찬가지로 っ의 존재와 う의 존재를 나타내어 '혹-카이도-'처럼 짧은 소리와 긴소리를 구분해서 발음해야 합니다.

에듀컨텐츠·휴피아

Educontents·Huepia

일본어 기초 編

NIPPON
日本
NIHON

에듀컨텐츠·휴피아
Educontents·Huepia

1. 인사하기

기본 인사말

아침에 일어나서 잠들 때까지 일상적으로 사용하는 인사말을 배워 보도록 하겠습니다.

◆ 일상적인 인사표현

표현	일본어 문장	발음
안녕하세요 (아침)	おはようございます	오하요-고자이마스
안녕하세요 (점심)	こんにちは。	곤니찌와
안녕하세요(밤)	こんばんは。	곰방와
날씨가 좋네요	天気がいいですね。 てんきがいいですね。 いい天気ですね。	댕끼가 이-데스네 이- 뎅끼 데스네

- おはようございます는 오전 10시 정도까지만 사용한답니다.
  おはようございます는 윗사람에게 사용합니다.
  친구나 아랫사람에게는 おはよう라고 합니다.
- こんにちは는 오전 10시 이후부터 해질녘까지 쓰며 위, 아래 구분 없이 사용합니다.
- こんばんは는 저녁 식사시간부터 밤까지 사용합니다.

평상시에 이웃들과 나누는 기본적인 인사말 이외에도 날씨와 같은 대화를 하면 좀 더 친근감이 형성되고 부드럽고 멋진 일본어를 구사할 수 있습니다.

◆ 근황을 물을 때

표현	일본어 문장	발음
요즘 뭐하세요?	このごろ、 なにしてますか。	코노고로, 나니시테마스까?
요즘 건강은 어떠세요?	このごろ、 ごけんこうはどうですか。	코노고로, 고겡코-와 도우데스까?
무슨 좋은일 있어요?	なにか、 いいことでもありますか。	나니까, 이이코도데모 아리마스까?
별일 없으시죠?	おかわりありませんか。	오카와리아리마셍까?
항상 똑같죠.	あいかわらずです。	아이카와라즈데스.

◆ 오랜만에 만났을 때

표현	일본어 문장	발음
잘 지내시나요?	お元気(げんき) ですか。	오겡끼데스까
오랜만입니다.	おひさしぶりです	오히사시부리데스
오랜만이야.	久(ひさ)しぶりだね。	히사시부리데스네
그동안 별고 없으십니까? (잘 지내시죠?)	お変(かわ)り ございませんか。	오카와리 고자이마셍까
오랫동안 연락 못드렸습니다	ご無沙汰しております。 ごぶさたしております。	고부사타시테오리마스

※ ご無沙汰しております。는 단지 오랜만이예요, 반가워요라는 뜻이 아니라 연락을 했어야 했는데 못했다는 미안한 마음이 들어있는 표현입니다. 주로 선생님이나 윗사람에게 쓰는 표현입니다.

◆ 처음 만났을 때의 인사

표현	일본어 문장 / 발음
처음 뵙겠습니다	はじめまして。 하지메마시테
저는 김입니다	私(わたし)はキムです。 와따시와키므데스
저는 김이라고 합니다.	私(わたし)はキムと　申(もう)します。 와따시와키므또모-시마스
저의　이름은　김입니다.	私(わたし)の名前(なまえ)は　キムです。 와따시노나마에와키크데스
만나서 반갑습니다. (기쁩니다)	お会(あ)いできて嬉(うれ)しいです。 오아이데끼떼우레시-데스
앞으로 잘 부탁합니다.	これからよろしくおねがいします。 코레카라요로시쿠오네가이시마스

※ 名前(なまえ) 이름. 상대방에게 이름을 물을 때는 존중체로 써야 하므로 名前(なまえ) 앞에 お를 붙여 お名前(なまえ)라고 하면 됩니다. 즉, 이름일 아니라 '성함'이라고 표현해야 겠죠.

◆ 헤어질 때의 인사

일본어 문장 / 발음
バイバイ。바이바이 매일 만나는 사이거나 친한 사이에 자주 사용하는 표현입니다.
じゃね。쟈넹 그럼 안녕 이라는 의미로 사용되어 집니다.
さようなら。사요-나라 안녕, 잘 가.
またね。마타네 다음에 또 보자라는 의미입니다.
またあした。마타아시타 내일 다시 혹은 내일 또 라는 뜻으로 내일 또 보자라는 의미를 내포하고 있습니다.
もう行かないと。모우,이카나이또 이제 가야 돼. 가야 된다라는 의미가 강하게 내포된 표현입니다.
よい一日を 요이 이찌니찌오 좋은 하루 보내세요. 헤어질 때 종종 사용합니다.
よい週末(しゅうまつ) を 요이 슈-마쯔오 좋은 주말 보내세요
頑張(がんば)ってね。감밧떼네 여러 가지 상황에서 두루두루 사용되는 표현입니다. 헤어질 때의 작별인사로 사용해도 됩니다.
お休(やす)みなさい。오야스미나사이 안녕히 주무세요 라는 의미지만 밤에 헤어질 때 사용할 수 있는 표현입니다.

◆ 대답하기

표현	일본어 문장	일본어 발음
예	はい。	하이
아니요	いいえ。	이-예
그렇습니다.	そうです。	소-데스
그렇지 않습니다.	そうじゃありません。	소-쟈 아리마센
알겠습니다.	わかりました。	와까리마시타
모르겠습니다.	わかりません。	와카리마센
안됩니다.	だめです。	다메데스

◆ 감사 표현

표현	일본어 문장 / 발음
고마워	ありがとう。 아리가또-
감사합니다.	ありがとうございます。 아리가또-고자이마스
대단히 감사합니다.	どうもありがとうございます。 도-모 아리가또-고자이마스
여러 가지로 감사합니다.	いろいろとありがとうございます。 이로이로또 아리가또-고자이마스
고맙습니다.	どうも(친한 사이 일반적인 말) 도-모
신세를 졌습니다.	おせわになりました。 오세와니 나리마시따
천만에요.	どういたしまして。 도-이따시마시떼

◆ 부탁·사과의 표현

표현	일본어 문장 / 발음
실례합니다.	すみません。 스미마셍
부탁이 있습니다.	お願いがあります。 おねがいします。 오네가이가 아리마스
잠깐 기다려 주세요.	ちょっと待ってください。 ちょっとまってください。 죳또 맛떼 구다사이
잠시 기다려 주십시오.	ちょっとお待ちください。 ちょっとおまちください。 죳또 오맛찌 구다사이
한 번 더 말해 주세요.	もう一度言ってください。 もういちどいってください。 모우 이찌도 잇떼 구다사이
좀 더 천천히 말해 주세요.	もっとゆっくり話してください。 もっとゆっくりはなしてください。 못또 윳꾸리 하나시떼 구다사이
조심하세요.	氣をつけてください。 きをつけてください。 키오 쯔께떼 구다사이

2. 일본어의 품사

문법상의 성질에 따라 분류한 단어의 그룹을 품사라고 합니다.

단어 10품사	활용 없음	명사	대명사, 사수포함
		연체사	체언을 꾸미는 역할
		부사	동사, 형용사, 형용동사, 체언을 수식하는 말
		감동사	한글의 감탄사와 같은 품사
		접속사	문장과 문장을 연결해주는 품사
		조사	부속어로서 주격, 목적격 등 여러 가지로 쓰이는 품사
	활용 있음	동사	사람이나 사물의 동작, 존재, 작용을 나타내는 말
		형용사	い형용사라고도 한다
		형용 동사	な형용사라고도 한다
		조동사	용언, 체언, 조동사, 조사에 이어 씀

★ 명사는 용언과 대비해서 체언이라고 한다. 즉 명사 = 체언

★ 활용이 있는 단어는 어간과 어미로 이루어져 있는데, 어간은 활용할 때 바뀌지 않는 부분이고 어미는 바뀌는 부분이죠.

★ 일본 중고등학교에서 배우는 문법에서의 형용사, 형용동사는 일본어 교육에서의 문법(외국인에게 일본어를 가르치는 경우)에서는 일반적으로 각각 い형용사, な형용사라고도 한다. 이는 체언에 이어질 때 어미가 바뀌는 행태에서 온 말이예요.

★ 일본어 형용사와 형용동사는 사람이나 사물의 성질, 상태를 나타내는 말로 한국어 형용사와 대부분 대응된답니다.

3. 일본어 문장의 구성

(1) 긍정문 → Aは + Bです。

A는 B입니다.

예문) ◉ これは つまえです。「이것은 책상입니다.」

◉ それは いすです。「그것은 의자입니다.」

(2) 의문문 → Aは + Bです か。

A는 B입니 까?

예문) ◉ これは つくえですか。「이것은 책상입니까?」

◉ それは いすですか。「그것은 의자입니까?」

(3) 부정문 → Aは + Bでは ありません。

A는 B가 아닙니다.

예문) ◉ これは つくえでは ありません。「이것은 책상이 아닙니다.」

◉ それは いすでは ありません。「그것은 의자가 아닙니다.」

명사+だ와 형용동사의 だ는 기능은 다르지만 형태가 같아서, 거의 같게 활용하기 때문에 학습이 용이하다.

◆ 명사

명사는 사람이나 사물의 이름을 나타내는 단어로 체언이라고도 한다. 명사의 종류에는 보통명사, 고유명사, 수사, 대명사가 있다, 대명사에는 사람을 가리키는 인칭대명사와 사물, 장소, 방향을 가리키는 지시대명사가 있다.

구분	예문1	예문3
한국어	책이다	학생이다
일본어 문법	本（ほん）+だ。	学生（がくせい）＋だ。
일본어 문장체	本（ほん）だ。	学生（がくせい）だ。
발음	혼다	가쿠세이다
비고	책	학생

▶ **～では ありません。**「～이 아닙니다.」

'명사+です'의 부정형은 '명사+では ありません'이다. 'では ありません'은 'では+あり+ませ+ん'과 같이 여러 단어가 복합된 말이지만, 한 어구가 되었으니 분석하지 말고 암기하자.

예문) ◉ 先生です。 (부정) → 先生では ありません。

「선생입니다.」 「선생이 아닙니다.」

◉ 学生です。 (부정) → 学生では ありません。

「학생입니다.」 「학생이 아닙니다.」

▶ **'명사+だ'는 '명사+です'의 반말이다.**

예문) ◉学生だ =「학생이다.」 学生です=「학생입니다.」

▶ **～でも ～でも ありません。**「～도 ～도 아닙니다.」

명사를 동사에 부정할 때 쓰는 말이다.

예문) ◉ 学生でも 学生でも ありません。

「학생도 선생도 아닙니다.」

◉ 美国人(べいこくじん)でも 日本人でも ありません。

「미국인도 일본인도 아닙니다.」

◆ 인칭대명사

일본어에서도 우리말과 마찬가지로 대인관계나 친분관계에 따라 사람을 가리키거나 부를 때 쓰는 인칭대명사가 다양하다. 주로 쓰이는 인칭대명사는 다음과 같다.

1인칭	2인칭	3인칭			부정칭
		근칭	중칭	원칭	
わたくし (저) わたし (저·나) ぼく(나) おれ(나)	あなた (당신) きみ (자네·너) おまえ(너)	このかた (이 분) このひと (이 사람)	そのかた (그 분) そのひと (그 사람)	あのかた (저 분) あのひと (저 사람) かれ (그·그이) かのじょ (그녀)	どなた (어느 분) だれ (누구) どのひと (어느 사람)

▶ わたし·あなた「나·당신」

'わたし(私)'는 자칭(1인칭)으로, 우리말의 「저, 나」의 뜻이고, 'あなた'는 대칭(2인칭)으로 우리말의 「당신」에 해당된다.

예문) ◉ わたしは 朴です。「나는 박입니다.」

◉ あなたは 朴さんですか。「당신은 박씨입니까?」

※ ぼく, きみ, ·おまえ

'ぼく'는 1인칭이며 젊은 남자 사이에 많이 쓰인다(여성은 안 씀).

'きみ', 'おまえ'는 2인칭에 해당되며, 주로 가까운 친구나 손아랫사람에게 쓰는 말이다.

▶ だれ·どなた「누구· 어느 분」

'だれ'의 존경어는 'どなた'로, 둘 다 의문을 나타낼 때 쓰이는 인칭대명사이다. 'だれ', 'じなた', 'どれ'와 같은 부정칭 대명사 뒤에는 'は'가 올 수 없다. 이 단어들은 항상 문장 뒤에 온다.

예문) ◉ どれ[どなた]は~(X)

◉ ~は だれ[どなた]ですか。(O)

◆ 지시대명사

사물·장소·방향을 가리킬 때 쓰이는 지시대명사는 こ(이)、そ(그)、あ(저)、ど(어느)에 각기 다른 말로 접속하여 나타낸다.

	근칭	중칭	원칭	부정칭
사물	これ(이것)	それ(그것)	あれ(어느 것)	どれ(어느 것)
장소	ここ(여기)	そこ(저기)	あそこ(어디)	どこ(어디)
방향	こちら／ こっち(이쪽)	そちら／ そっち(저쪽)	あちら／ あっち(어느 쪽)	どちら／ どっち(어느 쪽)

この, その, あの, どの 표현은 우리말에서도 이, 그, 저, 어느 다음에 명사를 붙여 말하는 것처럼 この, その, あの, どの+명사 형태로 사용됩니다.

この·その·あの·どの「이·그·저·어느」

'この', 'その', 'あの', 'どの'는 명사 앞에서 뒤의 명사를 가리키는 연체수식어이다. 이 말들은 활용하지 못하고 언제나 명사 앞에서만 쓰인다.

예문) ◉ このひとは だれですか。「이 사람은 누구입니까?」

◉ この本は韓国語の本です。「이 책은 일본어 책입니다」

일본어	한국어	일본어	한국어
この本	이 책	この人	이 사람
その本	그 책	その人	그 사람
あの本	저 책	あの人	저 사람
どの本	어느 책	どの人	어느 사람

◆ 명사의 기본문 정리

사물이나 사람, 숫자, 위치 등을 말하는 단어를 명사라고 하죠
명사 자체는 문장 속에서 변하지 않으며, 거의 모든 품사들과 결합해요.

▶ 명사의 기본문

	보통체(반말)	정중체(존대말)
긍정	学生がくせい＋だ	学生+です
부정	学生＋では（じゃ）ない	学生＋では（じゃ）ありません では（じゃ）ないです
과거	学生＋だった	学生＋でした
과거부정	学生＋ではなかった	学生＋ではありませんでした ではなかったです
의문문	学生＋か	学生＋ですか
추측	学生＋だろう	学生+でしょう
연결	学生＋で	

じゃ는では의 줄임말
ではないです。＝ではありません

1. 명사 ＋ **ですか？** ＝ ~입니까? (의문)
2. 명사 ＋ **ではありません。** ＝ ~아닙니다. (부정)
3. 명사 ＋ **じゃありません。** ＝ ~아닙니다. (부정)
4. 명사 ＋ **じゃないです。** ＝ ~아닙니다. (부정)
5. 명사 ＋ **ではありませんか？** ＝ ~아닙니까? (부정의문)
6. 명사 ＋ **じゃありませんか？** ＝ ~아닙니까? (부정의문)
7. 명사 ＋ **じゃないですか？** ＝ ~아니에요? (부정의문)

▶ 과거형

1. 명사 + でした = ~이었습니다. (평서문)
2. 명사 + でしたか？ = ~이었습니까? (의문)
3. 명사 + ではありませんでした。= ~아니었습니다. (부정)
4. 명사 + じゃありませんでした。= ~아니었습니다. (부정)
5. 명사 + じゃなかったです。= ~아니었어요. (부정)
6. 명사 + ではありませんでしたか？ = ~아니었습니까? (부정의문)
7. 명사 + じゃありませんでしたか？ = ~아니었습니까? (부정의문)
8. 명사 + じゃなかったですか？ = ~아니었어요? (부정의문)
9. ※ありませんでした＝なかったです

▶ ありますと いますЖ

우리말로는 생물이든 무생물이든 구별 없이 '있습니다'로 표현한다. 그러나 일본에서는 무생물·식물일 때에는 'あります', 사람·동물일 때에는 **'います'**를 쓴다.

예문) ◉ ここに しんぶんが あります。
「여기에 신문이 있습니다.」
◉ ここに 学生(がくせい) が います。
「여기에 학생이 있습니다.」

※ 소유의 뜻을 강조할 때에는 사람일지라도 'あります'로 나타내곤 한다.

예문) ◉ 私は 兄弟(きょうだい)が あります。
「나는 형제가 있습니다.」
◉ 私は こじもが あります。
「나는 아이들이 있습니다.」

▶ 何が와 何か

何が 는 「무엇이」, 何か는 「무엇인가」로 해석된다.

何が의 'か'는 주격(主格)을 나타내는 부조사로 문장 안에 쓰인다.

종조사 'か'와 혼돈해서는 안 된다. 종조사 'か'는 문장 끝에 붙는다.

예문) ◉ ここに 何が ありますか。(격조사)

「여기에 무엇이 있습니까?」

◉ あそこに 何か ありますか。(부조사)

「저기에 무엇인가 있습니까?」

◉ あなたは 学生ですか。(종조사)

「당신은 학생입니까?」

▶ 명사+や+명사+や+명사+など

명사+と+명사+と+~が あります

'~や ~や ~など'는 많은 것 중 추려서 열거할 때 쓰이고, '~と ~と ~が あります'는 있는 것을 열거하는 뜻으로, 그것만이 있다는 한정의 뜻을 나타낼 때 쓰인다.

예문) ◉ やさいや くだものや ぎゅうにゅう などが あります。

「야채랑 과일이랑 우유 등이 있습니다.」

◉ つくえと いすと たんすが あります。

「책상과 의자와 장롱이 있습니다.」

◆ 일본어 기본 조사 정리

조사는 명사나 동사 형용사와 같은 다른 품사들에 접속하여 문장을 인용, 가정, 목적, 내열 등으로 나타내는 품사입니다. 기본조사에는 어떤 것들이 있는지 배워 봅시다.

조사	뜻	예문
は	은/는	これはほんです。
が	이/가	わたしは権です。
と	와/과	父 (ちち)とはは
も	도	これも本 (ほん)です。
を	을/를	ごはんを食べます。
へ	에,으로	学校 (がっこう)へ行きます。
の	의	日本語 (にほん)ごのほんです。
	것	私の物(もの)です。
	인	友達(ともだち)の吉田(よしだ)さんです。
に	에	日本に行きます。
で	에	全部(ぜんぶ)でいくらですか
	에서	学校(がっこう)で勉強(べんきょう)します。
	으로	電車(でんしゃ)で帰(かえ)ります。

◆ 일본어 숫자(고유어 숫자) 세기(0~10)

숫자 4의 경우는 し발음이 死와 같기 때문에 よん으로 읽습니다.
숫자 7의 경우에도 8과 구분하기 위해서 なな로 많이 읽습니다.
숫자 0은 영어 표기대로 제로라고 많이 읽습니다.

한국어	일본어	발음	한자
0영	れい	rei	零
1일	いち	ich	一
2이	に	ni	二
3삼	さん	san	三
4사	よん	shi	四
5오	ご	go	五
6육	ろく	roku	六
7칠	なな	nana	七
8팔	はち	hachi	八
9구	きゅう	kyuu	九
10십	じゅう	juu	十

◆ 가족 소개하기

일본어에서는 자기 가족을 말할 때와 남의 가족을 말할 때가 달라요.
남에게 자기 가족을 말할 때는 존칭을 쓰지 않는다는 점을 주의하세요.

가족	나의가족		남의가족	
	이렇게 써요	이렇게 읽어요	이렇게 써요	이렇게 읽어요
할아버지	そふ	소후	おじいさん	오지이-상
할머니	そぼ	소바	おばあさん	오바-상
아빠	ちち	찌찌	おとうさん	오또-상
엄마	はは	하하	おかあさん	오카-상
언니/누나	あね	아네	おねえさん	오네-상
오빠/형	あに	아니	おにいさん	오니-상
여동생	いもうと	이모우또	いもうとさん	이모우또상
남동생	おとうと	오또우또	おとうとさん	오또우또상
아내	つま	쯔마	おくさん	옥상
남편	しゅじん	슈징	ごしゅじん	고슈징
아들	むすめ	무스메	むすめさん	무스메상
딸	むすこ	무스꼬	むすこさん	무스꼬상

◆ 私の家族です。저의 가족입니다.

표현	일본어 문장 / 발음
이분은 누구입니까?	このひとはだれですか 코노 히또와 다레 데스까
그분은 저의 엄마입니다.	そのかたは私の母です。 소노카타와와따시노 하하데스.
이분은 아버지시군요.	この方はお父さんですね。 코노카타와오또-상데스네
네 그렇습니다. 아빠입니다.	はい、そうです。ちちです 하이 소우데스 찌찌데스
가족이 몇 명입니까?	何人家族ですか。 난닝가조쿠데스까
4인 가족입니다.	4人家族です。 요닌가조쿠데스

● 공부 팁

형제 호칭

나(わたし) 기준

- 一番めの弟 [いちばんめのおとうと]첫 번째 남동생
- 二番目の弟 [にばんめのおとうと] 두 번째 남동생
- 一番下の弟 [いちばんしたのおとうと] 막내 남동생

◆ 今何時ですか？ 몇 시입니까?

표현	일본어 문장 / 발음
지금 몇 시입니까?	今何時ですか。 이마 난지 데스까
지금 8시 5분 전입니다.	今8時5分前です。 이마 하찌지 고훙 마에 데스
몇 시에 일어납니까?	何時に起きますか。 난지니 오끼마스까
저는 아침 6시경 일어납니다.	私は朝6時頃起きます。 와따시와 로꾸지고로 오키마스
몇시에 학교에 갑니까?	何時に学校へ行きますか。 난지니 각꼬헤 이키마스
8시에 학교에 갑니다.	8時に学校へ行きます。 하찌지니 각꼬헤 이키마스
당신은 매일 몇 시간 공부합니까?	あなたは毎日何時間勉強しますか。 아나타와 마이니찌 난지간 벵쿄 시마스까?
저는 매일 5시간 이상 공부합니다.	私は毎日５時間以上勉強します。 와타시와 마이니찌 고지깐이죠 벵쿄시마스

◆ 문법 익히기

▶ 何時に 몇시에

조사に 는 여러 가지 용법으로 쓰인답니다.

教室につくえがある。교실에 책상이 있다.

朝、六時に起きます。아침 6시에 일어난다.

先生になる。선생님이 되다.

▶ ~から~まで　명사 +から:~로부터~까지 / 동사+から:~이기 때문에 / 형용사 + から: ~이기 때문에

시작과 끝을 나타내는 ~から~までは 동작이 행해지는 장소의 출발점과 종착점을 가리키는 조사예요

예문) ◉ うちから公園まで何時間かかりますか。

집에서 공원까지 몇 시간 걸립니까?

◉ 何時から何時まで日本語を習いますか。

몇 시부터 몇 시까지 일본어를 배웁니까?

▶ ごろはぐらい

ごろ는 대체로 본 시각을 나타내고, ぐらい는 대체적인 시간의 길이를 나타냅니다.

예문) ◉ 私は9時ごろ行きます。

나는 9시경에 갑니다.

◉ 私は8時間ぐらい寝ます。

나는 8시간 정도 잡니다.

◆ 時와 分 읽는 법

시			분		
표현	일본어 문장 / 발음		표현	일본어 문장 / 발음	
一時	いちじ	이찌지	一分	いっぷん	잇뿡
二時	にじ	니지	二分	にふん	니훙
三時	さんじ	산지	三分	さっぷん	산뿡
四時	よじ	요지	四分	よっぷん	욘뿡
五時	ごじ	고지	五分	ごふん	고훙
六時	ろくじ	로꾸지	六分	ろっぷん	록뿡
七時	しちじ	시찌지	七分	ななふん	나나훙
八時	はちじ	하찌지	八分	はっぷん	핫뿡
九時	くじ	쿠지	九分	きゅうふん	큐-훙
十時	じゅうじ	쥬-지	十分	じゅっぷん	쥿뿡
十一時	じゅういちじ	쥬-이찌지	二十分	にじゅっぷん	니쥿뿡
十二時	じゅうにじ	쥬-니지	六十分	ろくじゅっぷん	로꾸쥿뿡
二十四時	にじゅうよじ	니쥬-요지	一時半	いちじはん	이찌지항

▶ 조사へ : ~에, ~로

조사へ는 동작이 행해지는 방향 또는 장소를 나타낸다.

へ는 보통 헤로 발음하지만, 조사로 쓰일 때는 에로 발음한답니다.

예문) ◉ 公園(こうえん)へいきます。

공원에 갑니다

◉ 学校 (がっこう)へ行きます。

학교에 갑니다

◆ 월 읽는 방법

월	표현	발음	월	표현	발음
1월	いちがつ	이찌가쯔	7월	しちがつ	시찌가쯔
2월	にがつ	니가쯔	8월	はちがつ	하찌가쯔
3월	さんがつ	산가쯔	9월	くがつ	쿠가쯔
4월	しがつ	시가쯔	10월	じゅうがつ	쥬-가쯔
5월	ごがつ	고가쯔	11월	じゅういちがつ	쥬-이찌가쯔
6월	ろくがつ	로꾸가쯔	12월	じゅうにがつ	쥬-니가쯔

◆ 개월 읽는 방법

개월	표현	발음	개월	표현	발음
1개월	いっかげつ	익까게쯔	7개월	ななかげつ	나나까게쯔
2개월	にかげつ	니까게쯔	8개월	はっかげつ	학까게쯔
3개월	さんかげつ	상까게쯔	9개월	きゅうかげつ	큐-까게쯔
4개월	よんかげつ	용까게쯔	10개월	じゅっかげつ	쥭까게쯔
5개월	ぎかげつ	고까게쯔	11개월	じゅういかげつ	쥬-익까게쯔
6개월	ろっかげつ	록까게쯔	12개월	じゅうにかげつ	쥬-니까게쯔

◆ 년과 요일 읽는 법

년	표현	발음	년	표현	발음
1년	いちねん	이찌넹	7년	しちねん	시찌넹
2년	にねん	니넹	8년	はちねん	하찌넹
3년	さんねん	산넹	9년	きゅうねん	큐-넹
4년	よねん	요넹	10년	じゅうねん	쥬-넹
5년	ごねん	고넹	11년	じゅういちねん	쥬-이찌넹
6년	ろくねん	로꾸넹	12년	じゅうにねん	쥬-니넹

요일	표현	발음
일요일	にちようび	니찌요-비
월요일	げつようび	게쯔요-비
화요일	かようび	카-요비
수요일	すいようび	스이요-비
목요일	もくようび	모꾸요-비
금요일	きんようび	킨요-비
토요일	どようび	도요-비
년	ねん	넨
월	げつ	게쯔
일	にち	니찌
주	じゅう	쥬-

4. 동사 공부하기

일본어 동사는 외워야 할 것도 많고 연습도 정말 많이 해야 한답니다. 머리가 아프다구요? 머리 아파하지 마세요.^^
지금부터 일본어 동사에 대해 모두 알려 드리겠습니다.

50음도표에서 う단의 글자로 끝나는 행태가 일본어 동사의 사전형 = 원형입니다. 정확히는 아래 9개의 글자입니다.
う、く、ぐ、す、ぬ、む、ぶ、る

	あ행	か행	さ행	た행	な행	は행	ま행	や행	ら행	
あ단	あ	か	さ	た	な	は	ま	や	ら	わ
い단	い	き	し	ち	に	ひ	み		り	を
う단	う	く	す	つ	ぬ	ふ	む	ゆ	る	ん
え단	え	け	せ	て	ね	へ	め		れ	
お단	お	こ	そ	と	の	ほ	も	よ	ろ	

우리말의 동사는 모두 똑같이 '~다'로 끝난다면 일본어의 동사는 어미가 9개의 종류가 있습니다.

★ 일본어의 모든 동사는 う단에 있는 글자로 끝납니다. 일본어 동사는 두 세 종류로 1그룹동사 : 5단동사, 2그룹동사 : 상·하1단동사, 3그룹동사 : 변격동사)인데 그 종류에 따라 활용방법이 달라지므로 그 구별법을 확실히 알아 두는 것이 중요합니다.

◆ 2그룹동사 : 1단동사

우리말 발음으로 'ㅜ' 모음으로 된 글자들입니다. 그중에서도 특히 'る'로 끝나는 글자가 많답니다. 1단 동사라는 것은 동사의 어미가 1개의 단으로만 활용된다는 뜻입니다. 나중에 일본어가 익숙해지면 아시겠지만 활용방법이 하나뿐이랍니다. 덕분에 활용하는 것이 그리 어렵지는 않아요. 하지만 1단 동사가 되기 위해서는 나름의 조건을 충족해야 한답니다.

★ 어미가 반드시 る일 것

★ る앞에 있는 글자가 い단이나 え단 글자일 것

	あ행	か행	さ행	た행	な행	は행	ま행	や행	ら행	
あ단	あ	か	さ	た	な	は	ま	や	ら	わ
い단	い	き	し	ち	に	ひ	み		り	を
う단	う	く	す	つ	ぬ	ふ	む	ゆ	る	ん
え단	え	け	せ	て	ね	へ	め		れ	
お단	お	こ	そ	と	の	ほ	も	よ	ろ	

る로 끝나는데 그 앞의 음이 い단이나 え단으로 끝나는 동사들입니다.

끝 음절인 る바로 앞 음절이 い段 (い、き、ぎ、し、ち、に、び、み、り)에 속하면 상 1단 동사라고 합니다.

いる	る바로 앞 음절이 い단에 속함
みる	
おきる	

끝 음절인 바로 앞 음절이 え단 (え、け、げ、せ、て、ね、め、れ)에 속하면 **하1단 동사**라고 합니다.

ねる	
たべる	る바로 앞 음절이 え단에 속함
しめる	

★ 위에서 보듯이 상1단동사는 「い단＋る」의 형태를 취하고, 하1단동사는 「え단＋る」의 형태를 취하여 가운데에 위치한 う단을 중심으로う단보다 1단 위에 속하면 상 1단이고, 1단 아래이면 하1단동사가 됩니다. 또한, 위의 동사를 몸통불변동사라고 하는데, 말 그대로 몸통은 그대로 있고, 꼬리만 떨어져 나간다는 이해하시면 되겠습니다. 예를 들어 앞에서 나온 규칙동사들은 ない나 ます 등과 만날 때 꼬리가 떨어지고 몸통이 조금씩 변하는데, 이 몸통불변동사들은 몸통은 그대로 있고 꼬리인る만 떨어져 나가요

できる	ない	できない
	ます	できます
	~た	できた

어떤가요? 몸통이 변하지 않으니 훨씬 간단하죠?
이것만 알면 일본어 동사 99%는 다 배운 거라고 해도 과언이 아니랍니다.

★ 일본어의 동사 대부분은 똑같은 규칙에 따라 몸통과 꼬리가 변한답니다. 우리말이나 영문법에서 말하는 규칙동사 같은 느낌이라고 하면 이해가 될까요?

のる	+	ない	のらない (타지않다)
		ます	のります (탑니다)
		~た	のった (탔다)

◆ 3그룹 : 변격동사

제멋대로 변하는 변격동사 する와くる입니다.
이 두 개의 동사는 일정한 규칙없이 변하므로 그냥 암기해야 합니다.
너무 많이 사용하는 동사라 절대 무시할 수가 없어요~

くる 오지않아(부정)
こない 오다의 뜻인
くる동사의 부정표현은 こない(오지 않아, 안와)인데 왜 こない가 되느냐고 묻는 것은 왜 새우가 새우냐고 묻는 것과 같습니다. 그냥 외우세요^^

★ **1그룹동사 : 5단동사**

5단동사 하니까 도대체 무슨 말인지 잘 모르겠죠?
앞서 설명한 1단동사와 불규칙 동사를 제외한 모든 것을 5단 동사라고 해요. 어미가 る인 경우에는 る앞의 글자를 잘 살펴보고 1단인지 5단인지 판단해야 해요. る외에 다른 글자가 어미라면 무조건 5단 동사입니다. 또한 주의할 점은 5단동사이면서 1단동사처럼 생긴 동사가 몇 개 있어요. 예외적인 것이니 반드시 암기해서 숙지하도록 하세요.

★ **형태상 상1단 · 하1단 동사이지만 5단동사 활용을 하는 예외 동사**

어미가 る로 끝나는 동사 중에 る바로 앞 음절이 い단이면 상1단이고, え단이면 하1단 동사라는 것을 앞에서 배운 거 잊지 않고 기억하고 있죠? 그런데 어미가 る인 동사 중에는 형태상 상1단 · 하1단 동사라고 하더라도 예외적으로 5단동사로 분류되어 동사의 변형을 거치게 되는 단어들이예요

기본형	어미	기본형	어미
入る(はいる)	들어가다	走る(はしる)	달리다
切る(きる)	자르다	握る(にぎる)	쥐다
知る(しる)	알다	散る(ちる)	흩어지다
要る(いる)	필요하다	参る(まいる)	가다, 오다
入る(いる)	들다	限る(かぎる)	한정하다
帰る(かえる)	돌아가다	蹴る(ける)	차다
湿る(しめる)	젖다, 축축하다	減る(へる)	줄다
照る(てる)	비치다, 빛나다	喋る(しゃべる)	지껄이다

う、く、ぐ、す、ぬ、む、ぶ、る로 う단으로 끝나는 일본어 동사 들은 모두 위의 규칙에 따라 꼬리가 변한답니다.

う로 끝나는 단어는 あいうえお

く로 끝나는 단어는 かきくけこ

す로 끝나는 단어는 さしすせそ

る로 끝나는 단어는 らりるれろ

あう まつ	+	ない	あわない
			またない
		ます	あいます
			まちます
		~た	あった
			まった

★ あう에 ない가 붙을 때는 규칙대로라면 ああない가 되어야겠지만 발음상あ단인 경우는 わ로 바뀌는 것을 주의하세요.

◆ 문법익히기

▶ お誕生日おめでとうございます。

앞에 붙은 お는 존경의 뜻을 나타내는 접두어로 상대방의 생일이므로 お를 붙여서 표현합니다. 주로 고유어 앞에는 お를 붙이고 한자어 앞에는 ご를 붙입니다. 그러나 존경의 뜻이 없이 단순히 말의 품위를 높이기 위하여 습관적으로 お와ご를 붙여서 사용하기도 합니다.

예문) ◉ お名前おなまえ: 이름

◉ お話おはんし: 말씀

◉ お天気おてんき: 날씨

◉ ご主人ごしゅじん : 남편

◉ ご両親ごりょうしん : 양친

◉ ご親切ごしんせつ: 친절

▶ おめでとうございます。

축하합니다의 뜻이예요. 생일, 결혼, 졸업, 신년인사 등의 말을 전할 때 쓰입니다. 친구들끼리는 おめでとう라고 해요.

예문) ◉ 新年（しんねん）おめでとうございます。새해 복 많이 받으세요

▶ ので ~이니까 ~이므로

객관적으로 명확한 원인 이유 근거의 관계를 나타낼 때 사용해요

예문) ◉ 誕生日のプレジンとですので

▶ けど~지만, ~인데

けど는 ~けれどもの의 생략형으로 두 가지 사항이 병렬, 대비되는 관계를 나타낼 때 쓰이지만, 때로는 확실하게 말하지 않으려는 기분을 나타내기도 합니다.

예문) ◉ ほしいんですけど 사고 싶은데요.

▶ どうぞ 받으세요 드세요

상대방에게 권유나 부탁할 때 쓰이는 말로 상황에 따라 **드세요, 들어오세요, 앉으세요, 받으세요** 등의 의미가 있어요.
적절하게 사용하면 아주 편리한 단어랍니다.

예문) ◉ どうぞ、お入りください。
어서 들어오세요
◉ どうぞ、めしあがってください。
어서 드세요

패턴 익히기(문형 연습)

お誕生日おめでとうございます。

卒業（そつぎょう）：졸업	おめでとうございます。
結婚（けっこん）：결혼	
入学（にゅうがく）：입학	

人形が欲しいんですけど

ジュース ：쥬스	ほしいんですけど
コーヒ ：커피	
ボールペン ：볼펜	

5. 형용사 공부하기

형용사는 사물의 성질이나 상태를 나타 내는 말로 동사, 형용동사와 마찬가지로 문장 안에서 주어의 성질이나 상태를 설명하거나 명사를 꾸며주는 역할을 한다. 형용사는 기본형으로 질문하고 대답할 수 있으며, 명사를 꾸밀 때 기본형 그대로 꾸미는데 그로 인해 い형용사라고도 한다.

1. 사물의 성질과 상태를 나타낸다.

   성질　よい (良い) 좋다　　わるい (悪い) 나쁘다

   상태　あたらしい (新しい) 새롭다　すずしい (涼しい) 서늘하다

2. 기본형은 い(어미)로 끝난다.
3. 많이 사용하는 형용사

표현		발음	표현		발음
크다	大きい	오오키이	새롭다	新しい	아타라시이
맛있다	美味しい	오이시이	무겁다	重い	오모이
재미있다	面白い	오모시로이	젊다	若い	와카이
높다/ 비싸다	高い	타카이	많다	多い	오오이
어렵다	難しい	므즈카시이	좋다	いい・よい	이이.요이
귀엽다	かわいい	카와이이	아프다	痛い	이타이
넓다	広い	히로이	원하다	欲しい	호시이이
밝다	明るい	아카루이	빠르다/ 이르다	早い	하야이
없다	ない	나이	멀다	遠い	토오이
길다	ながい	나가이	즐겁다	楽しい	타노시이

◆ 맛을 나타내는 형용사

표현	일본어 표현	일본어 발음
달다	あまい(甘い)	아마이
시다	すっぱい(酸っぱい)	슷빠이
쓰다	にがい(苦い)	니가이
맵다	からい(辛い)	카라이
짜다	しおからい(塩辛い)	시오카라이

◆ 색을 나타내는 형용사

표현	일본어 표현	일본어 발음
하얗다	▪ しろい(白い)	시로이
까맣다	▪ くろい(黒い)	쿠로이
빨갛다	▪ あかい(赤い)	아카이
파랗다	▪ あおい(青い)	아오이
노랗다	▪ きいろい(黄色い)	키이로이

◆ 기온을 나타내는 형용사

- 따뜻하다　あたたかい(暖かい)
- 덥다　あつい(熱い)
- 서늘하다 すずしい(涼しい)
- 춥다 さむい(寒い)

6. 형용동사 공부하기

형용동사는 상태나 감정을 나타내는 말로 동사, 형용사와 마찬가지로 문장 안에서 주어의 성질이나 상태를 설명하거나 명사를 꾸며주는 역할을 한다. 형용동사는 기본형으로 질문하고 대답할 수 있으며, 이때 어미だ를 생략할 수 있다. 형용동사가 명사를 꾸밀 때 기본형 だ가 な로 바뀌는데 그로 인해 な형용사라고도 한다.

1. 사물의 성질과 상태를 나타낸다.
   - 성질 : 素直だ(すなおだ)솔직하다 静かだ(しずかだ)조용하다
   - 상태 : 好きだ(すきだ)좋아하다 嫌いだ(きらいだ)싫어하다
2. 기본형은 だ(어미)로 끝난다.
3. 많이 사용하는 형용동사

표현	일본어 표현	일본어 발음	표현	일본어 표현	일본어 발음
좋아하다	好きだ	스키다	유명하다	有名だ	유메이다
싫어하다	嫌だ	키라이다	훌륭하다	立派だ	립따다
능숙하다	上手だ	죠-즈다	친절하다	親切だ	신세쯔다
서투르다	下手だ	헤타다	예쁘다/깨끗하다	きれいだ	키레이다
큰일이다	大変だ	타이헨다	간단하다	簡単だ	간딴다
성실하다	まじめだ	마지메다	필요하다	必要だ	히쯔-다
건강하다	元気だ	겡끼다	편리하다	便利だ	벤리다
번화하다	にぎやかだ	니기야까다	무리다	無理だ	무리다
조용하다	静かだ	시즈카다	급하다	急だ	큐다
소중하다	大切だ	다이세쯔다	편하다	楽だ	라꾸다

きれいだ、きらいだ는 어미だ를 생략하면 きれい、きらい가 되어서 형용사로 잘못 사용하는 경우가 많으므로 주의한다.

い형용사는 모든 기본형의 어미가 い로 끝나요.

	보통체	정중체
긍정	おおきい	おおきい＋です
부정	おおき＋くない	おおき＋くありません おおき＋くないです
과거	おおき＋かった	おおき＋かったです
과거부정	おおき＋くなかった	おおき＋くありませんでした おおき＋くなかったです
의문문	おおき＋か	おおきい＋ですか
추측	おおき＋かろう	おおき＋でしょう
연결	おおき＋くて	
명사수식	おおきい＋ビル	

	정중체 현재형		정중체 과거형	
	~입니다	~지않습니다	~이였습니다	~지않습니다
크다	おおきいです	おおきくないです	おおきかったです	おおきくなかったです
작다	ちいさいです	ちさくないです	ちいさかったです	ちいさくなかったです
좋다	いいです	よくないです	よかったです	よくなかったです
나쁘다	わるいです	わるくないです	わるかったです	わるくなかったです
맛있다	おいしいです	おいしくないです	おいしかったです	おいしくなかったです
맛없다	まずいです	まずくないです	まずかったです	まずくなかったです

日本語はやさしいです

▶ ~은~입니다 / い형용사 정중체 긍정형

い형용사 어미い 뒤에 명사문과 마찬가지로 です를 붙이면 정중체가 됩니다. か를 붙이면 의문문이 되는 것도 명사문과 같아요.

예문) ◉ 東京は大きいです。

とうきょうはおおきいです。

도-쿄와 오-키-데스 / 동경은 큽니다

◉ 韓国のは冬は寒いですか。

かんこくのはふゆはさむいですか。

칸코쿠노 후유와 사무이데스까. / 한국의 겨울은 춥습니까?

◉ 今日は暑いです。

きょうはあついです。

쿄-와 아쯔이데스. / 오늘은 덥습니다

◉ この料理はとてもおいしいです。

このりょうりはとてもおいしいです。

이요리는 정말 맛있습니다.

▶ ~은~지 않습니다 / い 형용사 정중체 부정형

い형용사의 보통체 부정형은 어미 い를 빼고 くない(~하지않다)를 붙여주면 됩니다. 정중체로 바꾸려면 くない + です의 형태로 붙여서 사용하면 됩니다.

공부팁 : ないです＝ありません 같은말이므로 바꿔써도 무방합니다.

◉ この本はおもしろくないです。

이책은 재미있지 않습니다.

◉ この問題はあまりむずかしくないです。

이 문제는 그다지 어렵지 않습니다

◉ 日本の料理はぜんぜんからくないです。

일본의 요리는 전혀 맵지 않습니다

◉ あの店はサービスがよくないです。

이 가게는 서비스가 좋지 않습니다

◉ とても美味しかったです

▶ ~는~였습니다 / い 형용사 정중체 과거형

い 형용사의 과거형은 어미 い를 빼고 かった를 붙이면 됩니다. 정중체로 사용할 때는 かった+ です형태로 사용하면 됩니다.

☞ おいしい。

☞ おいしかった。

☞ おいしかったです。

◉ 去年の冬はとても寒かったです。

작년 겨울은 매우 추웠습니다

◉ 昨日の映画は本当に面白かったです。

어제 영화는 정말 재미있었습니다.

◆ い형용사의 과거형 배우기

형용사의 활용 중에서 과거형을 만드는 방법과 과거 부정형을 만드는 방법에 대해서 알아보도록 해요

▶ ~는 ~였습니다. い형용사의 정중체 과거형

예문) ◉ どても楽(たのしい)かったです。

정말 맛있었습니다.

◉ 昨日(きのう)カレーはとてもおいしかったです。

어제의 카레는 정말 맛있었습니다.

い형용사의 과거형은 어미 い를 빼고 かった를 붙이면 됩니다.

정중체(존대말)는 かった뒤에 です를 붙여주면 되요.

▶ ~는 ~지않습니다 い형용사 정중체 과거 부정형

예문) ◉ ストは難(むずかしい)かったです。

시험은 어렵지 않았습니다.

い형용사의 과거 부정형은 어미 い를 빼고 くなかった를 붙여줍니다.

정중체는 くなかった+です형태로 사용합니다.

◉ 多い。(おおい。)

◉ 多くなかった。 (おおうなかった。)

◉ 多くなかったです。 (おおうなかったです。)

▶ ~는 ~보다~합니다 비교기준

예문) ◉ 飛行機 (ひこうき)は船 (ふね)より速 (はや)いです。

비행기는 배보다 빠릅니다.

より는 보다란 뜻으로 비교기준을 나타내는 표현입니다.

◆ な형용사의 기본용법

な형용사에 대해 살펴보고 현재형에서의 활용 형태에 대해 공부하는 시간을 가지도록 하겠습니다

사물의 상태, 성격을 말하는 지시대명사에 대해서도 배워 보겠습니다.

	보통체	정중체
긍정	まじめ＋だ	まじめ＋です
부정	まじめ＋では（じゃ）ない	まじめ＋では（じゃ）ありません では（じゃ）ないです
과거	まじめ＋だった	まじめ＋でした
과거 부정	まじめ＋では （じゃ）なかった	まじめ＋では （じゃ）ありませんでした では（じゃ）なかったです
의문문	まじめ＋か	まじめ＋ですか
추측	まじめ＋だろう	まじめ＋でしょう
연결	まじめ＋で	
명사 수식	まじめ＋な+人	

◆ 많이 쓰이는 な형용사

표현	일본어 표현	일본어 발음	표현	일본어 표현	일본어 발음
조용하다	静かだ しずかだ	시즈카다	번화하다	にぎやかだ	니기야까다
친절하다	親切だ しんせつだ	신세쯔다	불친절하다	不親切だ ふしんせつだ	후신세쯔다
성실하다	真面目だ まじめだ	마지메다	불성실하다	不真面目だ ふまじめだ	후마지메다
잘하다	上手だ じょうずだ	죠-즈다	잘못하다 /서투다	下手だ へただ	헤타다
좋아하다	好きだ すきだ	스키다	싫어하다	嫌だ きらいだ	키라이다
편리하다	便利だ べんりだ	벤리다	불편하다	不便だ ふべんだ	후벤다
건강하다	元気だ げんきだ	겡끼다	튼튼하다	丈夫だ じょうぶだ	죠-부다
예쁘다, 깨끗하다	きれいだ	키레이다	필요하다	必要だ ひつようだ	히쯔요-다
한가하다	暇だ ひまだ	히마다	편하다	楽だ らくだ	라꾸다

▶ ~은~입니다 な형용사의 정중체 긍정형

▶ ~은~지 않습니다 な형용사 정중체 부정형

▶ ~은 ~한~입니다 な형용사의 명사 수식

▶ ~하고~해서 な형용사의 て형(접속과 나열)

◆ な형용사의 활용

▶ ~는 ~였습니다.な형용사 형용사 정중체 과거형

▶ ~는 ~지않습니다 な형용사 형용사 정중체 과거 부정형

▶ ~을(를) 좋아합니다

▶ ~을(를) 잘합니다.

▶ ~과~과 어느쪽이 (양자비교)

◆ 제일(최상급) 존재표현/ 위치표현

★ ある (~가 있다: 무생물, 식물)　　★ いる (~가 있다: 사람, 동물)

표현	사물 식물		사람 동물	
	일본어 표현	일본어 발음	일본어 표현	일본어 발음
있다	ある	아루	いる	이루
없다	ない	나이	いない	이나이
있습니다	あります	아리마스	います	이마스
있습니까?	ありますか	아리마스까	いますか	이마스까
없습니다	ありません	아리마셍	いません	이마셍
없습니까?	ありませんか	아리마셍까	いませんか	이마셍까

여기서 재미있는 것은 ある・あります・いる・いますは 동사의 형태를 하고 있지만 ない만 형용사의 형태를 하고 있어요 꼭 기억해 두세요

예문) ◉ 어디에 있습니까?

カバンの中にノートパソコンがあります。

가방 안에 노트북이 있습니다.

◉ ポケットの中に携帯(けいたい)がありません。

주머니 속에 휴대전화가 없습니다.

＝ポケットの中に携帯がないです。

◉ 庭(にわ)には木(き)が沢山(たくさん)あります。

정원에는 나무가 많이 있습니다.

◉ 今日(きょう)は時間(じかん)がありません。

오늘은 시간이 없습니다.

＝ 今日は時間がないです。

7. 동사 활용하기

일본어 동사는 외워야 할 것도 많고 연습도 정말 많이 해야 한답니다. 머리가 아프다구요? 머리 아파하지 마세요.^^
지금부터 일본어 동사에 대해 모두 알려 드리겠습니다.

50음도표에서 う단의 글자로 끝나는 행태가 일본어 동사의 사전형 = 원형입니다. 정확히는 아래 9개의 글자입니다.

	あ행	か행	さ행	た행	な행	は행	ま행	や행	ら행	
あ단	あ	か	さ	た	な	は	ま	や	ら	わ
い단	い	き	し	ち	に	ひ	み		り	を
う단	う	く	す	つ	ぬ	ふ	む	ゆ	る	ん
え단	え	け	せ	て	ね	へ	め		れ	
お단	お	こ	そ	と	の	ほ	も	よ	ろ	

우리말의 동사는 모두 똑같이'~다'로 끝난다면 일본어의 동사는 어미가 9개의 종류가 있습니다.

★ 일본어의 모든 동사는 う단에 있는 글자로 끝납니다. 일본어 동사는 모두 세 종류로 1그룹동사 : 5단동사, 2그룹동사 : 상·하1단동사, 3그룹동사 : 변격동사)인데 그 종류에 따라 활용방법이 달라지므로 그 구별법을 확실히 알아 두는 것이 중요합니다.

◆ 2그룹동사 : 1단동사

우리말 발음으로 'ㅜ' 모음으로 된 글자들입니다. 그중에서도 특히 'る'로 끝나는 글자가 많답니다. 1단 동사라는 것은 동사의 어미가 1개의 단으로만 활용된다는 뜻입니다. 나중에 일본어가 익숙해지면 아시겠지만 활용방법이 하나뿐이랍니다. 덕분에 활용하는 것이 그리 어렵지는 않아요. 하지만 1단 동사가 되기 위해서는 나름의 조건을 충족해야 한답니다.

★ 어미가 반드시 る일 것

★ る앞에 있는 글자가 い단이나 え단 글자일 것

	あ행	か행	さ행	た행	な행	は행	ま행	や행	ら행	
あ단	あ	か	さ	た	な	は	ま	や	ら	わ
い단	い	き	し	ち	に	ひ	み		り	を
う단	う	く	す	つ	ぬ	ふ	む	ゆ	る	ん
え단	え	け	せ	て	ね	へ	め		れ	
お단	お	こ	そ	と	の	ほ	も	よ	ろ	

る로 끝나는데 그 앞의 음이 い단이나 え단으로 끝나는 동사들입니다.

끝 음절인 る바로 앞 음절이 い段 (い、き、ぎ、し、ち、に、び、み、り)에 속하면 상1단 동사라고 합니다.

いる(있다)	る바로 앞 음절이 い단에 속함
みる(보다)	
おきる(일어나다)	

끝 음절인 바로 앞 음절이 え단 (え、け、げ、せ、て、ね、め、れ)에 속하면 하1단 동사라고 합니다.

ねる(자다)	る바로 앞 음절이 え단에 속함
たべる(먹다)	
しめる(닫다)	

★ 위에서 보듯이 상1단동사는 「い단＋る」 의 형태를 취하고, 하1단동사는 「え단＋る」의 형태를 취하여 가운데에 위치한 う단을 중심으로 う단보다 1단 위에 속하면 상 1단이고, 1단 아래이면 하1단동사가 됩니다. 또한, 위의 동사를 몸통불변동사라고 하는데, 말 그대로 몸통은 그대로 있고, 꼬리만 떨어져 나간다는 이해하시면 되겠습니다. 예를 들어 앞에서 나온 규칙동사들은 ないし ます등과 만날 때 꼬리가 떨어지고 몸통이 조금씩 변하는데, 이 몸통불변동사들은 몸통은 그대로 있고 꼬리인る만 떨어져 나가요

できる ＋ (할 수 있다)	ない(않다)	できない(할 수 없다)
	ます(입니다)	できます(할 수 있습니다)
	~た(~었다)	できた(할 수 있다)

어떤가요? 몸통이 변하지 않으니 훨씬 간단하죠?
이것만 알면 일본어 동사 99%는 다 배운 거라고 해도 과언이 아니랍니다.

★ 일본어의 동사 대부분은 똑같은 규칙에 따라 몸통과 꼬리가 변한답니다. 우리말이나 영문법에서 말하는 규칙동사 같은 느낌이라고 하면 이해가 될까요?

のる (타다)	＋	ない(않다)	のらない (타지않다)
		ます(입니다)	のります (탑니다)
		~た(~었다)	のった (탔다)

◆ 3그룹동사 : 변격동사

제멋대로 변하는 변격동사 する와 くる입니다.
이 두 개의 동사는 일정한 규칙없이 변하므로 그냥 암기해야 합니다.
너무 많이 사용하는 동사라 절대 무시할 수가 없어요

くる오다의 (부정) こない 오지 않아

くる동사의 부정표현은 こない(오지 않아, 안와)인데 왜 こない가 되느냐고 묻는 것은 새우가 왜 새우냐고 묻는 것과 같습니다. 그냥 외우세요^^

◆ 1그룹동사 : 5단동사

5단동사 하니까 도대체 무슨 말인지 잘 모르겠죠?
앞서 설명한 1단동사와 불규칙 동사를 제외한 모든 것을 5단 동사라고 해요. 어미가 る인 경우에는 る앞의 글자를 잘 살펴보고 1단인지 5단인지 판단해야 해요. る외에 다른 글자가 어미라면 무조건 5단 동사입니다. 또한 주의할 점은 5단동사이면서 1단동사처럼 생긴 동사가 몇 개 있어요. 예외적인 것이니 반드시 암기해서 숙지하도록 하세요.

▶ 형태상 상1단·하1단 동사이지만 5단동사 활용을 하는 예외 동사

어미가 る로 끝나는 동사 중에 る바로 앞 음절이 い단이면 상1단이고, え단이면 하1단 동사라는 것을 앞에서 배운 거 잊지 않고 기억하고 있죠?
그런데 어미가 る인 동사 중에는 형태상 상1단 · 하1단 동사라고 하더라도 예외적으로 5단동사로 분류되어 동사의 변형을 거치게 되는 단어들이예요

기본형	어미	기본형	어미
入る(はいる)	들어가다	走る(はしる)	달리다
切る(きる)	자르다	握る(にぎる)	쥐다
知る(しる)	알다	散る(ちる)	흩어지다
要る(いる)	필요하다	参る(まいる)	가다, 오다
入る(いる)	들다	限る(かぎる)	한정하다
帰る(かえる)	돌아가다	蹴る(ける)	차다
湿る(しめる)	젖다, 축축하다	減る(へる)	줄다
照る(てる)	비치다, 빛나다	喋る(しゃべる)	지껄이다

う、く、ぐ、す、ぬ、む、ぶ、る로 う단으로 끝나는 일본어 동사 들은 모두 위의 규칙에 따라 꼬리가 변한답니다.

う로 끝나는 단어는 あいうえお

く로 끝나는 단어는 かきくけこ

す로 끝나는 단어는 さしすせそ

る로 끝나는 단어는 らりるれろ

- あう(만나다)
- まつ(기다리다)

\+

ない(않다)	あわない(만나지않다)
	またない(기다리지 않다)
ます(입니다)	あいます(만납니다)
	まちます(기다립니다)
~た(~었다)	あった(만났다)
	まった(기다렸다)

あう에 ない가 붙을 때는 규칙대로라면 ああない가 되어야겠지만 발음상 あ단인 경우는 わ로 바뀌는 것을 주의하세요.

◆ 일본어 동사의 총정리

<table>
<tr><th rowspan="2"></th><th rowspan="2">5단동사</th><th rowspan="2">1단동사</th><th colspan="2">불규칙동사</th></tr>
<tr><th>くる</th><th>する</th></tr>
<tr><td>ます형</td><td>う단 → い단</td><td>る를 뗀다</td><td>き</td><td>さ</td></tr>
<tr><td>부정형
(ない형)</td><td>う단
→
あ단＋ない</td><td>る를 떼고+ない</td><td>こない</td><td>しない</td></tr>
<tr><td>과거형
(た형)</td><td>った
んだ
いたいだ
した</td><td>る떼고+た</td><td>きた</td><td>した</td></tr>
<tr><td>て형</td><td>って
んで
いていで
して</td><td>る떼고+て</td><td>きて</td><td>して</td></tr>
<tr><td>가정형</td><td>う단→え단+ば</td><td>る떼고+れば</td><td>くれば</td><td>すれば</td></tr>
<tr><td>가능형</td><td>う단→え단+る</td><td>る떼고+られる
る떼고+れる</td><td>こられる</td><td>できる</td></tr>
<tr><td>의지형</td><td>う→お단+う</td><td>る떼고+よう</td><td>こよう</td><td>しよう</td></tr>
<tr><td>명령형</td><td>う단→え단</td><td>る떼고+ろ·よ</td><td>こい</td><td>しろ
せよ</td></tr>
<tr><td>금지형</td><td colspan="4">기본형 ＋ な</td></tr>
<tr><td>사역형</td><td>う＋あせる</td><td>る떼고+させる</td><td>こさせる</td><td>させる</td></tr>
<tr><td>수동형</td><td>うあれる</td><td>る떼고+られる</td><td>こられる</td><td>される</td></tr>
<tr><td>사역수
동형</td><td>せられる
される</td><td>る떼고+させられる</td><td>こさせられる</td><td>させられる</td></tr>
</table>

8. 동사 ます형

▶ 1그룹동사 예시

기본형	ます형	
行く（いく）	行き＋ます	行きます(갑니다)
飲む（のむ）	飲む＋ます	飲みます(마십니다)
会う（あう）	会い＋ます	会います(만납니다)
う단을い단으로 바꾸고 ます를 붙이면 됩니다		

▶ 2그룹동사 예시

기본형	ます형	
食べる（たべる）	食べる　＋ます	食べます(먹습니다)
起きる（おきる）	起きる＋ます	起きます(일어납니다)
見る（みる）	見る＋ます	見ます(봅니다)
る를 빼고 ます를 붙이면 됩니다		

▶ 3그룹동사 예시

する	します(합니다)
来る（くる）	来ます(옵니다)
무조건 암기하세요	

◆ 동사 ます형 활용하기

예외 1그룹 동사 반드시 암기해야 할 동사입니다.

1그룹 예외동사		ます형
帰る(かえる)	돌아가다	かえります
切る(きる)	자르다	きります
走る(はしる)	달리다	はしります
入る(はいる)	들어가다	はいります
要る(いる)	필요하다	いります
減る(へる)	감소하다	へります

▶ ~합니다. ます 동사의 정중형(현재)

예문) ◉ 買う+ます = かいます = 삽니다.

◉ 会う+ます = あいます = 만납니다.

▶ ~하지 않습니다.ません 동사의 정중 부정형(부정)

예문) ◉ 買う+ません = かいません = 사지 않습니다.

◉ 会う+ません = あいません = 만나지 않습니다.

▶ ~했습니다. ました동사의 과거 정중형(과거)

예문) ◉ 買う+ました = かいました = 삽습니다.

◉ 会う+ました = あいました = 만났습니다.

▶ ~하지 않았습니다. ませんでした동사의 과거 정중 부정형(과거부정)

예문) ◉ 買う+ませんでした = かいませんでした = 사지 않았습니다.

◉ 会う+ませんでした = あいませんでした = 만나지 않았습니다.

◆ 동사 ます형 접속표현

▶ ~합시다 ~ましょう

예문) ◉ 飲む＋ましょう　＝　のみましょう　＝마십시다

◉ 考える＋ましょう　＝　かんがえましょう＝ 생각합시다

▶ ~할까요 ~ましょうか

예문) ◉ 飲む＋ままましょうか　＝　のみましょうか　＝ 마실까요

◉ 考える＋ましょうか　＝　かんがえましょうか＝ 생각할까요

▶ ~하지 않겠습니까? ~ませんか

예문) ◉ 飲む＋ませんか　＝　のみませんか　＝ 마시지 않겠습니까

◉ 考える＋ませんか　＝　かんがえませんか＝ 생각하지 않겠습니까

▶ ~하고 싶습니다 ~たい

예문) ◉ 飲む＋たい　＝　のみたい　＝ 마시고 싶다

◉ 考える＋たい　＝　かんがえたい　＝ 생각하고 싶다

▶ ~하러가다 ~に 行(い)

예문) ◉ 飲む＋に 行(い)　＝　のみに　いく　＝ 마시러 가다

◉ 考える＋に 行(い)　＝　かんがえに　いく　＝ 생각하러 가다

▶ ~하면서 ~ながら

예문) ◉ 飲む＋ながら　＝　のみながら　＝ 마시면서

◉ 考える＋ながら　＝　かんがえながら　＝ 생각하면서

▶ ~하는 방법 方(かた)

예문) ◉ 飲む＋方(かた)　＝　のみ方(かた)　＝ 마시는 방법

◉ 考える＋方(かた)　＝　かんがえ方(かた)　＝ 생각하는 방법

▶ 너무~하다 ~すぎる

예문) ◉ 飲む＋すぎる　＝　のみすぎる　＝ 너무 마시다

◉ 考える＋すぎる　＝　かんがえすぎる　＝ 너무 생각하다

▶ ~하기쉽다 ~やすい

예문) ◉ 飲む＋やすい　＝　のみやすい　＝ 마시기 쉽다

◉ 考える＋やすい　＝　かんがえやすい　＝ 생각하기 쉽다

▶ ~하기어렵다 ~にくい

예문) ◉ 飲む＋にくい　＝　のみにくい　＝ 마시기 어렵다

◉ 考える＋にくい　＝　かんがえにくい　＝ 생각하기 어렵다

9. 동사 + て형

▶ 1그룹동사 예시

어미	て형	
う, つ, る	って	사다買う+って　=買って(사고)
む, ぬ, ぶ	んで	읽다読む+んで　=読んで(읽고)
く	いて	쓰다書く+いて=書いて(쓰고)
ぐ	いで	수영하다泳ぐ+いで　=泳いで(수영하고)
す	して	내다出す+して=出して(내고)

▶ 2그룹동사 예시

어미	て형	
る	て	일어나다起きる+て=起きて(일어나고)
		먹다食べる+て=食べて(먹고)
		보다見る+て=見て(보고)
		자다 寝る+て=寝て(자고)

▶ 3그룹동사 예시

する	して(하고)
来る (くる)	来て(오고)
무조건 암기 하세요	

◆ 일본어 기본 동사 필수 어휘

표현	이런 뜻이예요	이렇게 읽어요
学校へ行く	학교에 가다	갓꼬헤 이꾸
ご飯を食べる	밥을 먹다	고항오 타베루
新聞を読む	신문을 읽다	신붕오 요무
友達と遊ぶ	친구와 놀다	토모다치도 아소부
バスを降りる	버스를 내리다	바스오 오리루
朝、起きる	아침에 일어나다	아사, 오키루
家に帰る	집에 돌아오다	이에니 카에루
水を飲む	물을 마시다	미즈오 노무
友達に会う	친구를 만나다	토모다치니 아우
電車に乗る	전철을 타다	덴샤니 노루
風邪を引く	감기에 걸리다	카제오 히꾸
夜、寝る	밤에 자다	요루, 네루

10. 동사 + ない형

▶ 1그룹동사 예시

기본형	ない형	
行く (いく)	行か＋ない	行かない(가지 않다)
飲む (のむ)	飲ま＋ない	飲まない(마시지 않다)
会う (あう)	会わ＋ない	会わない(만나지 않다)
う단을 あ단으로 바꾸고 ない를 붙이면 됩니다		

▶ 2그룹동사 예시

기본형	ない형	
食べる (たべる)	食べ~~る~~＋ない	食べない(먹지 않다)
起きる (おきる)	起き~~る~~＋ない	起きない(일어나지 않다)
見る (みる)	見~~る~~＋ない	見ない(보지 않다)
る를 빼고 ない를 붙이면 됩니다		

▶ 3그룹동사 예시

する	しない(하지 않다)
来る (くる)	来ない(오지 않다)
무조건 암기하세요.	

◆ 동사의 가정형(ば형) 정리

▶ 1그룹동사 예시

기본형	ば형	
行く (いく)	行け + ば	行けば(가면)
飲む (のむ)	飲め + ば	飲めば(마시면)
会う (あう)	会え + ば	会えば(만나면)
う단을 え단으로 바꾸고 ば를 붙이면 됩니다		

▶ 2그룹동사 예시

기본형	ない형	
食べる (たべる)	食べ~~る~~ + れば	食べれば(먹으면)
起きる (おきる)	起き~~る~~ + れば	起きれば(일어나면)
見る (みる)	見~~る~~ + れば	見れば(보면)
る를 빼고 れば를 붙이면 됩니다		

▶ 3그룹동사 예시

する	すれば(하지 않다)
来る (くる)	来れば(오지 않다)
무조건 암기하세요	

11. 수수동사

수수동사는 한자어로 授受動詞예요. 사물 또는 행위나 방법을 주고받는 표현에 쓰이는 동사인데요.

일본어의 주고, 받는 표현이 헷갈리는 것은 우리말과 약간 차이가 있기 때문이에요.

첫 번째 : 무언가를 주다라는 표현에 방향성이 있음

두 번째 : 내가 주어가 아닌 상대방을 중심으로 이야기하는 표현을 쓰는 형태가 많음

구분	기본형	겸양표현
내가 남에게 주다	やる	손윗사람 → さしあげる 대등관계 → 上げる 손아랫사람 → やる
남이 나에게 주다	くれる	손윗사람 → くださる 대등관계 → くれる 손아랫사람 → くれる
남이 → 나에게 남에게 → 받다	もらう	손윗사람 → いただく 대등관계 → もらう 손아랫사람 → もらう

◆ 수수동사 공부 팁

▶ 남에게 주다(やる / あげる、差し上げる)

예문) ◉ 동생이나 친한 남자친구. 동·식물에게 주는 경우(손아랫사람)
わたしは 弟(おとうと)に お菓子(かし)を やりました.
◉ 猫(ね)こにえさをやります。
네코니 에사오 야리마스
고양이에게 먹이를 줍니다

あげる /差し上げる : 남의 가족이나 친구 동생 등(동년배나 손윗사람)

예문) ◉ 私は彼女(かのじょ)に映画(えいが)のチケットをあげました。
와타시와 카노죠니 에-가노 치켓토오 아게마시타
나는 여자친구에게 영화 티켓을 주었습니다.

◉ 先生にプレゼントを差(さ)し上げました。
센세니 프레젠토오 사시아게마시타)
선생님께 선물을 주었습니다.
※ 差し上げる는 손윗사람의 경우만 사용

▶ 남이 나에게 주다 くれる,ください

くれる : 동년배나 손아랫사람이 나에게 무언가 줄때

예문) ◉ 友達(ともだち)は私に誕生日(たんじょうび)のプレゼントをくれました。
토모다치와 와타시니 탄죠-비노 프레젠토오 쿠레마시타)
친구는 나에게 생일 선물을 주었습니다.

◉ ちちは私に小遣い(こづかい)をくれました。
치치와 와타시니 코즈카이오 쿠레마시타
아빠는 나에게 용돈을 주었습니다.

◉ 先生は私に本をくださいました。
센세-와 와타시니 홍오 쿠다사이마시타
선생님은 저에게 책을 주셨습니다.

▶ 받다 もらう / いただく

예문) ◉ 私は母(はは)から小遣いをもらいました。
와타시와 하하까라 코즈카이오 모라이마시타
저는 엄마에게 용돈을 받았습니다.

◉ 友達(ともだち)から本をもらいました。
토모다치까라 홍오 모라이마시타
친구로 부터 책을 받았습니다.

◉ 先生から宿題(しゅくだい)をもらいました。
센세까라 슈쿠다이오 모라이마시타
선생님으로부터 숙제를 받았습니다.

★ ~에게 ~을(를) ~해주다. てあげる
★ ~가(내게) ~을(를) ~해주다. てくれる
★ ~는~에게 ~을(를) ~해받다. てもらう

▶ 1그룹동사 예시

어미	て형	
う, つ, る	った	사다 買う＋った＝買った(샀다)
む, ぬ, ぶ	んだ	읽다 読む＋んだ＝読んだ(읽었다)
く	いた	쓰다 書く＋いた＝書いた(썼다)
ぐ	いた	수영하다 泳ぐ＋いだ＝泳いだ(수영했다)
す	した	내다 出す＋した=出した(냈다)

▶ 2그룹동사 예시

어미	て형	
る	た	일어나다 起きる＋た＝起きた(일어났다)
		먹다 食べる＋た＝食べた(먹었다)
		보다 見る＋た＝見た(보았다)
		자다 寝る＋た＝寝た(잤다)

▶ 3그룹동사 예시

する	した(했다)
来る （くる）	来た(왔다)
무조건 암기하세요	

12. 경어(敬語) 표현

1. 존경어(尊敬語) : 상대방을 높이는 말

2. 겸양어(謙讓語) : 자신을 낮추는 겸손한 말 → 우리말로 적당한 표현이 어렵다. 따라서, 해석을 할 경우, 본동사의 뜻대로 하고, 겸손한 의미가 있다.

3. 정녕어(丁寧語) : 정중어, 공손한 말

※사용시 유의점 : 자신이 속해 있는 조직의 사람을 외부의 다른 사람에게 소개할 때는 존경어를 사용해선 안됩니다.

[사장님께서]가 아니라 [사장이]로 말을 해야 한다는 것입니다.

▶ 동사의 존경어, 겸양어 표현

특별한 형태의 동사들

겸양어	본동사	존경어
おる	いる	いらっしゃる
参(まい)る, うかがう	行(い)く	いらっしゃる
参(まい)る	來(く)る	いらっしゃる
申(もう)す, 申(もう)し上(あ)げる	言(い)う	おっしゃる
致(いた)す	する	なさる
上(あ)げる, 差(さ)し上(あ)げる	やる,上(あ)げる	
	くれる	くださる
いただく	もらう	
いただく	食(た)べる 飮(の)む	召(め)し上(あ)がる
はいけんする	見(み)る	ご覽(らん)になる
存(ぞん)じる	知(し)る	こ存(ぞん)じだ
お目(め)にかかる	會(あ)う	
うかがう,	聞(き)く	
うかがう	訪(たず)ねる	

ご － する	2.한자어 ＋ する형태	ご － になる
	試着(しちゃく)する입어 보다	ご試着(しちゃく)になる 입어보시다
ご紹介(しょうかい)する 소개드리다.	紹介(しょうかい)する소개하다	

3. 일반적인 경우		
お연용형する おかきする (적당한 표현없음)	書(か)く 쓰다	お연용형になる おかきになる 쓰시다.

4. 모든 동사에 적용가능한 경우		
사역동사를 て형으로 바꾼 뒤, いただく를 붙인다. 상대방이 시켜주면 받는다는 것인데, 상대방이 허락하면 하겠다는 뜻으로 이해 行(い)く-> いかせて いただく 勉强(べんきょう)する -> 勉强(べんきょう)させて いただく		4-1) お연용형ください 待(ま)って ください 기다려 주세요 ->お待(ま)ち ください 기다려 주십시요 4-2)수동편에서 배운 (ら)れる

◆ 명사, 형용사, 형용동사의 존경 표현

▶ 무조건 お + 명사, 형용사, 형용동사

예문) ◉ お忙(いそが)しいですか

바쁘십니까?

◉ お名前(なまえ)は 何(なん)と おっしゃいますか

존함은 무엇이라고 하십니까?

◉ お元氣(げんき)ですか

건강하십니까?

◆ 정녕어=공손어 표현

▶ 다 아는 건데, 문장 끝에 -です, -ます

▶ 접두어로서 お-, ご-

お- : 순수 일본어는 お를 붙이고, 한자어에는 ご를 붙인다.

그러나, 한자어 중에서도 일상생활에서 자주 사용되는 말은 お가 붙기도 합니다.

예문) ◉ あります(있습니다.)

=> ございます -> 자주 쓰입니다.

◉ であります(=です)

=> でございます (입니다)

핵심 회화 패턴 編

NIPPON
日本
NIHON

1. 핵심 회화 패턴

핵심 회화 패턴1

▶ ~てくれませんか / ~てくださいませんか

▶ ~해 주지 않을래요? / ~해 주시지 않겠습니까?

상대방이 나에게 뭔가를 해 주기를 바라며 부탁할 때 사용하는 패턴입니다. 반말로는 ~てくれない?를 씁니다.

STEP 1 핵심 표현으로 패턴 익히기

◉ 이 편지를 보내 주지 않을래요?
この手紙を送ってくれませんか。
このてがみをおくってくれませんか。

◉ 이 DVD를 빌려주지 않을래요?
このDVDを貸してくれませんか。
このDVDをかしてくれませんか。

◉ 연락처를 알려 주시지 않겠습니까?
ご連絡先を教えてくださいませんか。
ごれんらくさきをおしえてくださいませんか。

◉ 내일 9시에 사무실까지 와 주시지 않겠습니까?
明日9時に事務所まで来てくださいませんか。
あした9じにじむしょまで来てくださいませんか。

◉ 나랑 결혼해 주지 않을래?
僕と結婚してくれない?
ぼくとけっこんしてくれない?

핵심 회화 패턴 2

▶ ~(よ)うか '~할까?, '~할래?'

옆 사람에게 권하거나 자신의 다짐을 말할 때 쓰는 패턴이다.

STEP 1 핵심 표현으로 패턴 익히기

◉ 취직 축하로 한잔할까?

就職祝いに一杯飲もうか。

しゅうしょくおいわいにいっぱいのもうか。

◉ 이번 연휴에 뭐 할까?

今度の連休に何しようか。

こんどのれんきゅうになにしようか。

◉ 그럼, 회의를 시작할까?

じゃ、会議を始めようか。

じゃ、かいぎをはじめようか。

◉ 오늘은 내가 한턱낼까?

今日は僕がおごろうか。

きょうはぼくがおごろうか。

◉ 엄마 선물로 뭘 살까?

ママのプレゼントに何買おうか。

ママのプレゼントになにかおうか。

핵심 회화 패턴 3

▶ ~ばよかった '~면 좋았을 걸'

실망이나 안타까움 등 강한 후회의 감정을 나타낼 때 쓰는 패턴이다.

STEP 1 핵심 표현으로 패턴 익히기

◉ 학창시절에 더 공부했으면 좋았을걸.

学生時代にもっと勉強すればよかった。

がくせいじだいにもっとべんきょうすればよかった。

◉ 좀 더 부모님 말씀을 들었으면 좋았을걸

もっと両親の言うことを聞けばよかった。

もっとりょうしんのいうことをきけばよかった。

◉ 여러 사람과 사귀었으면 좋았을걸.

いろんな人と付き合えばよかった。

いろんなひととつきあえばよかった。

◉ 전화번호를 메모해 뒀으면 좋았을걸.

電話番号をメモしておけばよかった。

でんわばんごうをメモしておけばよかった。

◉ 외국계 회사에도 도전했으면 좋았을걸.

外国系の会社にもチャレンジすればよかった。

がいこくけいのかいしゃにもチャレンジすればよかった。

핵심 회화 패턴 4

▶ ~はいやだ : '~는 싫어'

어떤 사항에 대해서 싫다고 하는 자신의 의견을 확실하게 표현하는 패턴이다. 정중형은 いやです(싫어요)로, 한자로 쓰면 嫌だ이다.

STEP 1 핵심 표현으로 패턴 익히기

◉ 야근은 싫어.
残業はいやだ。
ざんぎょうはいやだ。

◉ 교통 정체는 싫어요.
渋滞はいやです。
じゅうたいはいやです。

◉ 청소 당번은 싫었어요.
掃除当番はいやでした。
そうじとうばんはいやでした。

◉ 해외 근무는 싫지 않아.
海外勤務はいやじゃない。
かいがいきんむはいやじゃない。

◉ 혼자 사는 것은 싫지 않았어.
一人暮しはいやじゃなかった。
ひとりくらしはいやじゃなかった。

핵심 회화 패턴 5

▶ って : ~란, ~라는, ~라는 것은, ~래

회화체에서 자주 사용하는 패턴이다. 문장 가운데에서 と(~라고), という(~라는), といって(~라고 하면서), というのは(~라는 것은), は(~은)라는 뜻으로 사용한다.

STEP 1 핵심 표현으로 패턴 익히기

◉ 우리 개는 워리라고 해.
うちの犬はウォリーって言うの。
うちのいぬはウォリーっていうの。

◉ 「I LOVE YOU」라는 곡은 명곡이에요.
「I LOVE YOU」って曲は名曲です。
「I LOVE YOU」ってぎょくはめいきょくです。

◉ 친구 문병 간다고 하면서 나왔어.
友だちのお見舞いに行くって出てきた。
ともだちのおみまいにいくってでてき

◉ 사춘기 중학생이라는 건 굉장하네요.
思春期の中学生ってすごいですね。
ししゅんきのちゅうがっこうってすごいですね。

◉ 진로는 언제 정했어?
進路って、いつ決めたの？
しんろって、いつきめたの？

핵심 회화 패턴 6

▶ ~てほしい ~해주면 좋겠다. ~를 원한다.

무언가를 해 주었으면 좋겠다는 희망을 나타냅니다. ほしいい는 갖고 싶다~하면 좋겠다는 뜻의 い형용사입니다.

STEP 1 핵심 표현으로 패턴 익히기

◉ 다시 한번 설명해 줬으면 좋겠습니다.
もう一度説明して欲しいです。
もういちどせつめいしてほしいです。

◉ 빨리 돌아왔으면 좋겠습니다.
早く帰ってきてほしいです。
はやくかえってきてほしいです。

◉ 전화해 주기를 바랐습니다.
電話をして欲しかったです。
でんわををしてほしかったです。

◉ 함께 영화를 보고 싶었습니다.
一緒に映画を見て欲しかったです。
いっしょにえいがをみてほしかったです。

◉ 비가 오지 않기를 바랐습니다.
雨が降って欲しくありませんでした。
あめがふってほしくありませんでした。

어휘력 쑥쑥 늘리는 기본단어 編

NIPPON
日本
NIHON

에듀컨텐츠·휴피아
Educontents·Huepia

가 게

한국어	일본어	발음	한자
가게	みせ	mise	店
점포	てんぽ	tempo	店舗
식당	しょくどう	shokudo	食堂
레스토랑	レストラン	resutoran	
편의점	コンビニ	kombini	
책방	ほんや	hon'ya	本屋
서점	しょてん	shoten	書店
미장원	びよういん	biyoin	美容院
이발소	とこや	tokoya	床屋
카페	カフェ	kafe	
다방	きっさてん	kissaten	喫茶店
빵집	パンや	pan'ya	パン屋
꽃집	はなや	hanaya	花屋
포장마차	やたい	yatai	屋台
은행	ぎんこう	ginko	銀行
백화점	デパート	depahto	
복덕방	ふどうさんや	fudosan'ya	不動産屋

가 족

한국어	일본어	발음	한자
가족	かぞく	kazoku	家族
부모	りょうしん	ryoshin	両親
아버지	ちち	chichi	父
어머니	はは	haha	母
형제	きょうだい	kyodai	兄弟
자매	しまい	simai	姉妹
형	あに	ani	兄
오빠	あに	ani	兄
누나	あね	ane	姉
언니	あね	ane	姉
남동생	おとうと	ototo	弟
여동생	いもおと	imoto	妹
할아버지	そふ	sofu	祖父
할머니	そぼ	sobo	祖母
자식	こども	kodomo	子供
아들	むすこ	musuko	息子
딸	むすめ	musume	娘
남편	おっと	otto	夫
아내	つま	tsuma	妻
아빠	パパ	papa	パパ
엄마	ママ	mama	ママ
손자	まご	mago	孫

감 정

한국어	일본어	발음	한자
즐겁다	たのしい	tanoshii	楽しい
외롭다	さびしい	sabishii	
기쁘다	うれしい	ureshii	嬉しい
슬프다	かなしい	kanashii	悲しい
재미있다	おもしろい	omoshiroi	面白い
재미없다	つまらない	tsumaranai	
기분 좋다	ここちよい	kokochiyoi	心地よい
상쾌하다	すがすがしい	sugasugashii	
괴롭다	つらい	tsurai	
밉다	にくい	nikui	憎い
원망스럽다	うらめしい	urameshii	恨めしい
미안하다	すまない	sumanai	
거북하다	きまずい	kimazui	気まずい
불안하다	こころぼそい	kokorobosoi	心細い
두렵다	こわい	kowai	恐い
한심하다	なさけない	nasakenai	情けない
부끄럽다	はずかしい	hazukashii	恥ずかしい
부럽다	うらやましい	urayamashii	
감질나다	じれったい	jirettai	
애절하다	せつない	setsunai	切ない

계산하다

한국어	일본어	발음	한자
더하다	たす	tasu	足す
빼다	ひく	hiku	引く
곱하다	かける	kakeru	掛ける
나누다	わる	waru	割る
합하다	あわせる	awaseru	合わせる
제외하다	のぞく	nozoku	除く
세다	かぞえる	kazoeru	数える
(양을) 되다	はかる	hakaru	計る
(무게를) 달다	はかる	hakaru	量る
(길이를) 재다	はかる	hakaru	測る
쓰다	かく	kaku	書く
그리다	かく	kaku	描く
지우다	けす	kesu	消す
틀리다	まちがう	machigau	間違う
빗나다	ずれる	zureru	
남다	あまる	amaru	余る
확인하다	たしかめる	tashikameru	確かめる
되돌아가다	もどる	modoru	戻る
되돌리다	もどす	modosu	戻す
맞다	あう	au	合う

계 절

한국어	일본어	발음	한자
계절	きせつ	kisetsu	季節
봄	はる	haru	春
여름	なつ	natsu	夏
가을	あき	aki	秋
겨울	ふゆ	fuyu	冬
사계절	しき	shiki	四季
설날	がんたん	gantan	元旦
춘분	しゅんぶん	shumbun	春分
추분	しゅうぶん	shuubun	秋分
하지	げし	geshi	夏至
동지	とうじ	toji	冬至
장마	つゆ	tsuyu	梅雨
첫눈	はつゆき	hatsuyuki	初雪
음력	いんれき	inreki	陰暦
양력	ようれき	yoreki	陽暦
입춘	りっしゅん	risshun	立春
입하	りっか	rikka	立夏
입추	りっしゅう	risshuu	立秋
입동	りっとう	ritto	立冬

공공시설

한국어	일본어	발음	한자
박물관	はくぶつかん	hakubutsukan	博物館
미술관	びじゅつかん	bijutsukan	美術館
자료관	しりょうかん	shiryokan	資料館
공원	こうえん	koen	公園
식물원	しょくぶつえん	shokubutsuen	植物園
경찰서	けいさつしょ	keisatsusho	警察署
소방서	しょうぼうしょ	shobosho	消防署
파출소	こうばん	koban	交番
병원	びょういん	byoin	病院
우체국	ゆうびんきょく	yuubinkyoku	郵便局
시청	しやくしょ	shiyakusho	市役所
공민관	こうみんかん	kominkan	公民館
도서관	としょかん	toshokan	図書館
학교	がっこう	gakko	学校
광장	ひろば	hiroba	広場
시설	しせつ	shisetsu	施設

과 일

한국어	일본어	발음	한자
사과	りんご	ringo	林檎
배	なし	nashi	梨
복숭아	もも	momo	桃
밤	くり	kuri	栗
감	かき	kaki	柿
귤	みかん	mikan	蜜柑
딸기	いちご	ichigo	苺
버찌	さくらんぼ	sakurambo	
포도	ぶどう	budo	葡萄
살구	あんず	anzu	杏
비파열매	びわ	biwa	枇杷
대추	なつめ	natsume	棗
자두	すもも	sumomo	李

근 무

한국어	일본어	발음	한자
회사	かいしゃ	kaisha	会社
기업	きぎょう	kigyo	企業
근무	きんむ	kimmu	勤務
통근	つうきん	tsuukin	通勤
출근	しゅっきん	shukkin	出勤
출사	しゅっしゃ	shussha	出社
퇴사	たいしや	taisha	退社
일	しごと	shigoto	仕事
휴식	きゅうけい	kyuukei	休憩
잔업	ざんぎょう	zangyo	残業
수당	てあて	teate	手当て
월급	げっきゅう	gekkyuu	月給
휴가	きゅうか	kyuuka	休暇
회의	かいぎ	kaigi	会議
사무	じむ	jimu	事務
계약	けいやく	keiyaku	契約
노동	ろうどう	rodo	労働
입사	にゅうしゃ	nyuusha	入社
전근	てんきん	tenkin	転勤
승진	しょうしん	shoshin	昇進
정년	ていねん	teinen	定年
퇴직	たいしょく	taishoku	退職
사직서	じひょう	jihyo	辞表

꽃

한국어	일본어	발음	한자
꽃	はな	hana	花
풀	くさ	kusa	草
열매	み	mi	実
잎	はっぱ	happa	葉っぱ
뿌리	ねっこ	nekko	根っこ
벚꽃	さくら	sakura	桜
장미	ばら	bara	薔薇
해바라기	ひまわり	himawari	向日葵
진달래	つつじ	tsutsuji	躑躅
제비꽃	すみれ	sumire	菫
민들레	たんぽぽ	tampopo	蒲公英
수선	すいせん	suisen	水仙
나팔꽃	あさがお	asagao	朝顔
백합	ゆり	yuri	百合
수국	あじさい	ajisai	紫陽花
모란	ぼたん	botan	牡丹
동백꽃	つばき	tsubaki	椿
국화	きく	kiku	菊
연꽃	はす	hasu	蓮
무궁화	むくげ	mukuge	槿

나라 이름

한국어	일본어	발음	한자
나라	くに	kuni	国
일본	にっぽん	nippon	日本
한국	かんこく	kankoku	韓国
대한민국	だいかんみんこく	daikamminkoku	大幹民国
미국	アメリカ	amerika	
중국	ちゅうごく	chuugoku	中国
북한	きたちょうせん	kitachosen	北朝鮮
러시아	ロシア	roshia	
영국	イギリス	igirisu	
독일	ドイツ	doitsu	
프랑스	フランス	furansu	
그리스	ギリシャ	girisha	

도시명

한국어	일본어	발음	한자
도쿄	とうきょう	tokyo	東京
요코하마	よこはま	yokohama	横浜
나고야	なごや	nagoya	名古屋
오사카	おおさか	osaka	名古屋
교토	きょうと	kyoto	京都
고베	こうべ	kobe	神戸
삿포로	さっぽろ	sapporo	札幌
센다이	せんだい	sendai	仙台
후쿠시마	ふくしま	fukushima	福島
니가타	にいがた	niigata	新潟
가나자와	かなざわ	kanazawa	金沢
나가노	ながの	nagano	長野
히로시마	ひろしま	hiroshima	広島
후쿠오카	ふくおか	fukuoka	福岡
나가사키	ながさき	nagasaki	長崎
나하	なは	naha	那覇
나라	なら	nara	奈良

동 물

한국어	일본어	발음	한자
동물	どうぶつ	dobutsu	動物
사람	ひと	hito	人
개	いぬ	inu	犬
고양이	ねこ	neko	猫
새	とり	tori	鳥
소	うし	ushi	牛
말	うま	uma	馬
돼지	ぶた	buta	豚
호랑이	とら	tora	虎
곰	くま	kuma	熊
원숭이	さる	saru	猿
개구리	かえる	kaeru	蛙
기린	きりん	kirin	麒麟
쥐	ねずみ	nezumi	鼠
토끼	うさぎ	usagi	兎
벌레	むし	mushi	虫
물고기	さかな	sakana	魚

몸

한국어	일본어	발음	한자
몸	からだ	karada	体
머리	あたま	atama	頭
얼굴	かお	kao	顔
목	のど/くび	nodo/kubi	喉/首
가슴	むね	mune	胸
배	はら	hara	腹
허리	こし	koshi	腰
등	せなか	senaka	背中
팔	うで	ude	腕
손목	てくび	tekubi	手首
손	て	te	手
손가락	ゆび	yubi	指
다리	あし	ashi	脚
무릎	ひざ	hiza	膝
장딴지	ふくらはぎ	fukurahagi	脹脛
발목	あしくび	ashikubi	足首
복사뼈	くるぶし	kurubushi	踝
발	あし	ashi	足
엉덩이	しり	shiri	尻

문 구

한국어	일본어	발음	한자
펜	ペン	pen	
샤프펜슬	シャープペンシル	shahpupenshiru	
연필	えんぴつ	empitsu	鉛筆
연필깎이	えんぴつけずり	empitsukezuri	鉛筆削り
지우개	けしゴム	keshigomu	消しゴム
수정액	しゅうせいえき	shuuseieki	修正液
자	じょうぎ	jogi	定規
노트	ノート	nohto	
수첩	てちょう	techo	手帳
가위	はさみ	hasami	鋏
풀	のり	nori	糊
접착제	せっちゃくざい	setchakuzai	接着剤
셀로판테이프	セロハンテープ	serohantehpu	
검 테이프	ガムテープ	gamutehpu	
양면테이프	りょうめんテープ	ryomentehpu	両面テープ
호치키스	ホッチキス	hotchikisu	
클립	クリップ	kurippu	
고무 밴드	わゴム	wagomu	輪ゴム
파일	ファイル	fairu	
부전	ふせん	fusen	付箋
전자계산기	でんたく	dentaku	電卓
봉투	ふうとう	fuuto	封筒

미디어

한국어	일본어	발음	한자
방송국	ほうそうきょく	hosokyoku	放送局
채널	チャンネル	channeru	
프로그램	ばんぐみ	bangumi	番組
커머셜	コマーシャル	komaasharu	
전파	でんぱ	dempa	電波
생방송	なまほうそう	namahoso	生放送
재방송	さいほうそう	saihoso	再放送
녹화	ろくが	rokuga	録画
재생	さいせい	saisei	再生
비디오	ビデオ	bideo	
아나운서	アナウンサー	anaunsaa	
엠시	しかいしゃ	shikaisha	司会者
텔런트	タレント	tarento	
연예인	げいのうじん	geinojin	芸能人
코미디언	コメディアン	komed'ian	
시청자	しちょうしゃ	shichosha	視聴者
애청자	リスナー	risunaa	
메시지	メッセージ	messeeji	
화면	がめん	gamen	画面
자막	じまく	jimaku	字幕

방 향

한국어	일본어	발음	한자
방향	ほうこう	hoko	方向
동쪽	ひがし	higashi	東
서쪽	にし	nishi	西
남쪽	みなみ	minami	南
북쪽	きた	kita	北
오른쪽	みぎ	migi	右
왼쪽	ひだり	hidari	左
위	うえ	ue	上
아래	した	shita	下
앞	まえ	mae	前
뒤	うしろ	ushiro	後ろ
앞면	おもてがわ	omotegawa	表側
뒷면	うらがわ	uragawa	裏側
안	うち	uchi	内
밖	そと	soto	外

색 깔

한국어	일본어	발음	한자
색깔	いろ	iro	色
빨강	あか	aka	赤
노랑	き	ki	黄
초록	みどり	midori	緑
파랑	あお	ao	青
흰색	しろ	shiro	白
검정	くろ	kuro	黒
회색	はいいろ	haiiro	灰色
보라색	むらさきいろ	murasakiiro	紫色
분홍색	ももいろ	momoiro	桃色
홍색	べにいろ	beniiro	紅色
연지	えんじ	enjiiro	臙脂
주색	しゅいろ	shuiro	朱色
주황색	だいだいいろ	dadaiiro	橙色
다색	ちゃいろ	chairo	茶色
갈색	かっしょく	kasshoku	褐色
밤색	くりいろ	kuriio	栗色
물빛	みずいろ	mizuiro	水色
남빛	あいいろ	aiiro	藍色
감색	こんいろ	kon'iro	紺色
군청색	ぐんじょういろ	gunjoiro	群青色
베이지	ベージュ	behju	

색 조

한국어	일본어	발음	한자
밝다	あかるい	akarui	明るい
어둡다	くらい	kurai	暗い
눈부시다	まぶしい	mabushii	眩しい
짙다	こい	koi	濃い
연하다	うすい	usui	薄い
희다	しろい	shiroi	白い
검다	くろい	kuroi	黒い
빨갛다	あかい	akai	赤い
푸르다	あおい	aoi	青い
노랗다	きいろい	kiiroi	黄色い
높다	たかい	takai	高い
낮다	ひくい	hikui	低い
넓다	ひろい	hiroi	広い
좁다	せまい	semai	狭い
얕다	あさい	asai	浅い
깊다	ふかい	fukai	深い
가깝다.	ちかい	chikai	近い
멀다	とおい	toi	遠い

성 격

한국어	일본어	발음	한자
귀엽다	かわいい	kawaii	
예쁘다	うつくしい	utsukushii	美しい
멋지다/멋있다	かっこいい	kakkoii	
촌스럽다	ださい	dasai	ダサイ
다정하다	あたたかい	atatakai	温かい
냉정하다	つめたい	tasumetai	冷たい
어리다	おさない	osanai	幼い
젊다	わがい	wakai	若い
어른스럽다	おとなっぽい	otonappoi	大人っぽい
상냥하다	やさしい	yasashii	優しい
엄격하다	きびしい	kibishii	厳しい
무섭다	こわい	kowai	怖い
얌전하다	おとなしい	otonashii	
딱딱하다	かたくるしい	katakurushii	
교활하다	ずるい	zurui	
이상하다	あやしい	ayashii	怪しい
씩씩하다	りりしい	ririshii	凛々しい
믿음직하다	たのもしい	tanomoshii	頼もしい
덜렁거리다	そそっかしい	sosokkashii	
뻔뻔스럽다	ずうずうしい	zuuzuushii	

소품 소지품

한국어	일본어	발음	한자
가방	かばん	kaban	鞄
수첩	てちょう	techo	手著
휴대폰	けいたいでんわ	keitaidenwa	携帯電話
디카	デジカメ	dejikame	
스트랩	ストラップ	sutorappu	
지갑	さいぶ	saifu	財布
손수건	ハンカチ	hankachi	
티슈	ティッシュ	tisshu	
장갑	てぶくろ	tebukuro	手袋
머플러	マフラー	mafurah	
안경	めがね	megane	眼鏡
선글라스	サングラス	sangurasu	
귀걸이	イヤリング	iyaringu	
목걸이	ネックレス	nekkuresu	
반지	ゆびわ	yubiwa	指輪
팔찌	ブレスレット	buresuretto	
브로치	ブローチ	burohchi	

스포츠

한국어	일본어	발음	한자
야구	やきゅう	yakyuu	野球
축구	サッカー	sakkah	
테니스	テニス	tenisu	
배구	バレーボール	bareebohru	
농구	バスケットボール	basukettobohru	
베드민턴	バドミントン	badominton	
검도	けんどう	kendo	剣道
유도	じゅうどう	juudo	柔道
수영	すいえい	suiei	水泳
육상경기	りくじょうきょうぎ	rikujokyogi	陸上競技
체조	たいそう	taiso	体操
역도	じゅうりょうあげ	juuryoage	重量挙げ
태권도	テコンドー	tekondoh	
양궁	アーチェリー	ahcherii	
탁구	たっきゅう	takkyuu	卓球
복싱	ボクシング	bokushingu	
마라톤	マラソン	marason	
골프	ゴルフ	gorufu	

악 기

한국어	일본어	발음	한자
악기	がっき	gakki	楽器
피아노	ピアノ	piano	
오르간	オルガン	orugan	
하프	ハープ	hahpu	
바이올린	バイオリン	baiorin	
첼로	チェロ	chero	
트럼펫	トランペット	torampetto	
호른	ホルン	horun	
클라리넷	クラリネット	kurarinetto	
플루트	フルート	furuhto	
피콜로	ピッコロ	pikkoro	
기타	ギター	gitah	
드럼	ドラム	doramu	
우쿨렐레	ウクレレ	ukurere	
마라카스	マラカス	marakasu	
오카리나	オカリナ	okarina	
북	たいこ	taiko	太鼓
거문고	こと	koto	琴
퉁소	しゃくはち	shakuhachi	尺八
비파	びわ	biwa	琵琶
샤미센	しゃみせん	shamisen	三味線

야 채

한국어	일본어	발음	한자
파	ねぎ	negi	葱
양파	たまねぎ	tamanegi	玉葱
무	だいこん	daikon	大根
당근	にんじん	ninjin	人参
배추	はくさい	hakusai	白菜
양배추	キャベツ	kyabetsu	
냉이	なずな	nazuna	薺
시금치	ほうれんそう	horenso	菠薐草
감자	じゃがいも	jagaimo	じゃが芋
죽순	たけのこ	takenoko	筍
부추	にら	nira	韮
오이	きゅうり	kyuuri	胡瓜
토란	さといも	satoimo	里芋
가지	なす	nasu	茄子
고구마	さつまいも	satsumaimo	薩摩芋
여주	ゴーヤ	goya	
옥수수	とうもろこし	tomorokoshi	玉蜀黍
호박	かぼちゃ	kabocha	南瓜
우엉	ごぼう	gobo	牛蒡

얼 굴

한국어	일본어	발음	한자
눈	め	me	目
눈물	なみだ	namida	涙
귀	みみ	mimi	耳
코	はな	hana	鼻
콧물	はなみず	hanamizu	鼻水
코피	はなぢ	hanaji	鼻血
입	くち	kuchi	口
침	つば	tsuba	唾
입술	くちびる	kuchibiru	唇
이	は	ha	歯
잇몸	はぐき	haguki	歯茎
혀	した	shita	舌
수염	ひげ	hige	髭
눈썹	まゆげ	mayuge	眉毛
속눈썹	まつげ	matsuge	睫毛
이마	ひたい	hitai	額
미간	みけん	miken	眉間
눈살	みけんのしわ	mikennoshiwa	眉間の皺
볼	ほお	ho	頬

여러 어휘

한국어	일본어	발음	한자
배우다	まなぶ	manabu	学ぶ
가르치다	おしえる	oshieru	教える
생각하다	おもう/かんがえる	omou/kangaeru	思う/考える
잊다	わすれる	wasureru	忘れる
서두르다	いそぐ	isogu	急ぐ
쉬다	やすむ	yasumu	休む
나르다	はこぶ	hakobu	運ぶ
두다	おく	oku	置く
나타나다	あらわれる	arawareru	現れる
사라지다	きえる	kieru	得る
얻다	える	eru	失う
만나다	えあう	ushinau	出会う
헤어지다	わかれる	deau	別れる
시작되다	はじまる	wakareru	始まる
끝나다	おわる	owaru	終わる
일하다	はたらく	hataraku	働く
놀다	あそぶ	asobu	遊ぶ
움직이다	うごく	ugoku	動く
멈추다	とまる	tomaru	止まる
가지다	もつ	motsu	持つ
버리다	すてる	suteru	捨てる

예 술

한국어	일본어	발음	한자
예술	げいじゅつ	geijutsu	芸術
미술	びじゅつ	bijutsu	美術
회화	かいが	kaiga	絵画
판화	はんが	hanga	版画
벽화	へきが	hekiga	壁画
조각	ちょうこく	chokoku	彫刻
조형	ぞうけい	zokei	造形
건축	けんちく	kenchiku	建築
사진	しゃしん	shashin	写真
영상	えいぞう	eizo	映像
화상	がしょう	gasho	画商
화랑	がろう	garo	画廊
전시	てんじ	tenji	展示
표현	ひょうげん	hyogen	表現
작품	さくひん	sakuhin	作品
전람회	てんらんかい	tenrankai	展覧会
박람회	はくらんかい	hakurankai	博覧会
추상	ちゅうしょう	chuusho	抽象
구상	ぐしょう	gusho	具象
원근법	えんきんほう	enkinho	遠近法
황금비	おうごんひ	ohonhi	黄金比
그림	え	e	絵
그림물감	えのぐ	enogu	絵の具

움직임

한국어	일본어	발음	한자
가다	いく	iku	行く
오다	くる	kuru	来る
말하다	はなす	hanasu	話す
듣다	きく	kiku	聞く
읽다	よむ	yomu	読む
보다	みる	miru	見る
먹다	たべる	taberu	食べる
마시다	のむ	nomu	飲む
나가다	でる	deru	出る
들어가다	はいる	hairu	入る
사다	かう	kau	買う
파다	うる	uru	売る
걷다	あるく	aruku	歩く
달리다	はしる	hashiru	走る
일어나다	おきる	okiru	起きる
자다	ねる	neru	寝る
서다	たつ	tatsu	立つ
앉다	すわる	suwaru	座る
밀다	おす	osu	押す
당기다	ひく	hiku	引く

음 식

한국어	일본어	발음	한자
음식	たべもの	tabemono	食べ物
마실 것	のみもの	nomimono	飲み物
고기	にく	niku	肉
생선	さかな	sakana	魚
닭고기	とりにく	toriniku	鶏肉
야채	やさい	yasai	野菜
과일	くだもの	kudamono	果物
곡식	こくもつ	kokumotsu	穀物
국	しる	shiru	汁
김치	キムチ	kimuchi	
조미료	ちょうみりょう	chomiryo	調味料
간식	おやつ	oyatsu	
디저트	デザート	dezahto	
반찬	おかず	okazu	
요리	りょうり	ryori	料理

인터넷

한국어	일본어	발음	한자
인터넷	インターネット	intaanetto	
검색	けんさく	kensaku	検索
메일 주소	メールアドレス	meeruadoresu	
받기	じゅしん	jushin	受信
보내기	そうしん	soshin	送信
편지함	メールボックス	meerubokkusu	
홈페이지	ホームページ	hoomupeei	
웹문서	ウェブページ	webupeeji	
메시지	メッセージ	messeeji	
블로그	ブログ	burogu	
게시판	けいじばん	keijiban	掲示板
열람	えつらん	etsuran	閲覧
기사	きじ	kiji	記事
이미지	イメージ	gazo	
동영상	どうが	doga	動画
갱신	こうしん	koshin	更新
표시	ひょうじ	hyoji	表示
정보	じょうほう	joho	情報
통신	つうしん	tsuushin	通信
엑세스	アクセス	akusesu	

자 연

한국어	일본어	발음	한자
자연	しぜん	shizen	自然
하늘	そら	sora	空
구름	くも	kumo	雲
바다	うみ	umi	海
산	やま	yama	山
강	かわ	kawa	川
숲	もり	mori	森
언덕	おか	oka	丘
호수	みずうみ	mizuumi	湖
못	いけ	ike	池
늪	ぬま	numa	沼
시내	おがわ	ogawa	小川
물	みず	mizu	水
나무	き	ki	木
흙	つち	tsuchi	土
불	ひ	hi	火
돌	いし	ishi	石
바위	いわ	iwa	岩
모래	すな	suna	砂

접속사

한국어	일본어	발음	한자
그리고	そして	soshite	
그런데	それで	sorede	
근데	ところで	tokorode	
그러나	しかし	shikashi	
더구나	しかも	shikamo	
게다가	そのうえ	sonoue	その上
워낙	なにしろ	nanishiro	
결국	けっきょく	kekkyoku	結局
일단	ひとまず	hitomazu	
원래	ほんらい	honrai	本来
실은	じつは	jitsuha	実は
역시	やはり	yahari	
혹시	ひょっとして	hyottoshite	
만약에	もしも	moshimo	
하지만	しかし	shikashi	
그러므로	したがって	shitagatte	
즉	すなわち	sunawachi	
요컨대	ようするに	yosuruni	要するに
오히려	かえって	kaette	
어차피	どうせ	dose	

책

한국어	일본어	발음	한자
책	ほん	hon	本
서적	しょせき	shoseki	書籍
잡지	ざっし	zasshi	雑誌
소설	しょうせつ	shosetsu	小説
문고	ぶんこ	bunko	文庫
신간	しんかん	shinkan	新墾
만화	まんが	manga	漫画
단행본	たんこうほん	tankobon	単行本
사전	じてん	jiten	辞書
참고서	さんこうしょ	sankosho	参考書
그림책	えほん	ehon	絵本
사진집	しゃしんしゅう	shashinshuu	写真集
주간지	しゅうかんし	shuukanshi	週刊誌
월간지	げっかんし	gekkanshi	月刊誌
논문	ろんぶん	rombun	論文
헌책	ふるほん	furuhon	古本

탈 것

한국어	일본어	발음	한자
전철	でんしゃ	densha	電車
지하철	ちかてつ	chikatetsu	地下鉄
버스	バス	hasu	
택시	タクシー	takushi	
자동차	じどうしゃ	jidousha	自動車
오토바이	バイク	baiku	
자전거	じてんしゃ	jitensha	自転車
비행기	ひこうき	hikoki	飛行機
배	ふね/フェリー	hune/feri–	船
열차	れっしゃ	ressha	列車
기차	きしゃ	kisha	汽車

학교 / 학위

한국어	일본어	발음	한자
유치원	ようちえん	yochien	幼稚園
초등학교	しょうがっこう	shogakko	小学校
중학교	ちゅうがっこう	chuugakko	中学校
고등학교	こうこう	koko	高校
대학교	だいがく	daigaku	大学
대학원	だいがくいん	daigakuin	大学院
전문학교	せんもんがっこう	semmongakko	専門学校
단기대학	たんだい	tandai	短大
국립	こくりつ	kokuritsu	国立
공립	こうりつ	koritsu	公立
시립	しりつ	shiritsu	市立
사립	しりつ	shiritsu	私立
입학	にゅうがく	nyuugaku	入学
졸업	そつぎょう	sotsugyo	卒業
수료	しゅうりょう	shuuryo	修了
중퇴	ちゅうたい	chuutai	中退
학위	がくい	gakui	学位
석사	しゅうし	shuushi	修士
박사	はくし	hakushi	博士

한국요리

한국어	일본어	발음	한자
김치	キムチ	kimuchi	
비빔밥	ビビンバ	bibimba	
돌솥비빔밥	ビビンバ	ishiyakibibimba	石焼ビビンバ
국밥	クッパ	kuppa	
냉면	れいめん	reimen	冷麺
찌개	チゲ	chige	
불고기	プルコギ	purukogi	
닭갈비	タッカルビ	takkarubi	
삼겹살	サムギョプサル	samugyopusaru	
지짐이	チヂミ	chijimi	
삼계탕	サムゲタン	samugetan	
볶음밥	やきめし	yakimeshi	焼き飯
회	さしみ	sashimi	刺身
육회	ユッケ	yukke	
김	のり	nori	海苔
김밥	のりまき	norimaki	海苔巻き
떡볶이	トッポッキ	toppokki	
나물	ナムル	namuru	
순두부	スンドゥブ	sundubu	
한정식	かんていしょく	kanteishoku	韓定食

회사조직

한국어	일본어	발음	한자
조직	そしき	soshiki	組織
사원	しゃいん	shain	社員
직원	しょくいん	shokuin	職員
사장	しゃちょう	shacho	社長
부장	ぶちょう	bucho	部長
과장	かちょう	kacho	課長
사업	じぎょう	jigyo	事業
개발	かいはつ	kaihatsu	開発
생산	せいさん	seisan	生産
관리	かんり	kanri	管理
유통	りゅうつう	ryuutsuu	流通
지식재산	ちてきざいさん	chitekizaisan	知識財産
기획	きかく	kikaku	企画
영업	えいぎょう	eigyo	営業
재무	ざいむ	zaimu	財務
총무	そうむ	somu	総務
회계	かいけい	kaikei	会計
경리	けいり	keiri	経理
인사	じんじ	jinji	人事
주식회사	かぶしきがいしゃ	kabushikigaisha	株式会社
유한회사	ゆうげんがいしゃ	yuugengaisha	有限会社
법인	ほうじん	hojin	法人

잘쓰이는 부사

이렇게 써요	이런 뜻이예요	이렇게 읽어요
あまり	그다지, 대체로	아마리
おもに	주로	오모니
もしかしたら	어쩌면	모시카시따라
いきなり / 急に	갑자기	이키나리
いくら / どんなに	아무리	이쿠라/돈나니
あいにく	공교롭게도	아이니꾸
いったい	도대체	잇따이
いちおう	일단 한번	이찌오우
いまさら	이제와서 새삼스럽게	이마사라
あらかじめ / まえもって	사전에 미리	아라카지메/마에못떼
専（もっぱ）ら	오로지	못빠라
たちまち	삽시간에 홀연히	타찌마찌
いかにも	확실히	이카니모
かえって	오히려	카엣떼
けっして / ぜったい	결코, 절대로	켓시떼/젯따이
せっかく	모처럼	셋카쿠
さらに / そのうえ	게다가	사라니/ 소노우에
まるで	마치	무루데
たぶん / おそらく	아마	타분/오소라꾸

かなり / ずいぶん	상당히	카나리/즈이붕
たまに	이따금 가끔	타마니
せめて / すくなくとも	적어도 최소한	세메떼/ 스쿠나쿠토모
およそ	약	오요소
しぜんに / ひとりてに	자연히/ 저절로	시젠니/이토리테니
わざわざ	고의로, 일부러(긍정적)	와자와자
わざと	고의로, 일부러(부정적)	와자또
ぴったり	꼭, 딱	핏따리
まさか	설마	마사카
とにかく	아무튼	토니카쿠
なるべく / できるだけ	가능한한, 되도록	나무베쿠/ 데키로다케
あえて	감히	아에테
どうせ	어차피 아무래도	도우세
もともと	원래 처음부터	모토모토
つい	그만	쯔이
すなわち	즉	스나와치
やがて / まもなく	머지않아 이윽고	야가테/마모나쿠
つまり	즉, 결국, 다른 말로 말하자면	쯔마리
よう	즉 / 요약정리해본다면	요우

알아두면 좋은 관용구

이렇게 쓰고 말해요	이런 뜻이예요
頭が固い 아다마가 카타이	(사고에)유연성이 없다. 고집이 세다.
顔は広い 카오가 히로이	발이 넓다. 얼굴이 [넓다]라고 해서 아는 사람이 많다.
耳が痛い 미미가 이따이	귀가 따갑다. 약점이나 결점을 말해서 듣기가 괴롭다.
ロが堅い/ロが重い 구치가 오모이	입이 무겁다.
歯が立たない 하가 다타나이	상대가 너무 강해서 당해낼 수가 없다.
のどから手が出る 노도까라 테가 데루	너무너무 갖고 싶다.
首を長くする 쿠비오 나가꾸스루	목이 빠지게 애타게 기다리다.
足を洗う 아시오 아라우	나쁜 일에서 손을 떼다 손을 씻다.
手に入れる 테니 이레루	내 것으로 삼다.
手に入る 테니 하이루	내 손에 들어오다.
手に負えない 테니	내 힘으로 도저히 어찌할 수 없다. 두 손 들다.
目がない 메가나이	너무 좋아서 분별을 잃다. 정신을 못 차리다.
目がまわる 메가 마와루	현기증이 나다.

目がくらむ 메가 쿠라무	눈이 어두워지다. (욕심에) 눈이 멀다.
骨が折れる 호네가	힘들다. 성가시다.
爪を隠す 쯔메가	재능을 감추다. 본성을 숨기다.
耳を疑う 미미오	귀를 의심하다.
気がする 키가스루	(어떤) 생각이 들다. 기분이 들다.
気を配る 키오요루	배려하다. 두루 마음을 쓰다.
気をつかう 키오쯔까우	신경을 쓰다. 주의하다.

상황별 회화 編

NIPPON
日本
NIHON

日本語で生活(せいかつ)したい。

(일본어로 생활하고 싶다)

비행기편

● 탑승권을 보여주세요.
搭乗券を見せてください。
とうじょうけんをみせてください。
토-죠켄오 미세테쿠다사이

● 제 좌석은 어디입니까?
私の席はどこですか。
わたしのせきはどこですか。
와따시노 자세키와 도코데스카?

● 우측 복도편 좌석입니다
右側の通路がわの座席です。
みぎがわのつうろがわのざせきです。
미기가와노 츠-로가와노 자세끼데스

● 좌석으로 안내해 드릴까요?
お座席にご案内しましょうか。
おざせきにごあんないしましょうか。
오자세키니 고안나이 시마쇼-까?

● 예, 부탁드리겠습니다.
はい、お願いします。
はい、おねがいします。
하이, 오네가이시마스

● 식사는 무엇으로 하시겠습니까?
食事は何になさいますか。
しょくじはなになさいますか。
쇼쿠지와 나니나사이마스까?

● 스테이크로 하겠습니다
ステーキにします。
すてーきにします。
스테-키니 시마스

● 커피 부탁합니다.
コーヒお願いします。
こーひおねがいします。
코-히 오네가이시마스

● 설탕과 크림도 부탁합니다.
砂糖とクリームもお願いします。
さとうとクリームもおねがいします。
사토또 크리므모 오네가이시마스

● 머리가 아픈데 약 있습니까?
頭が痛いんですが、薬ありますか。
あたまがいたいんですが、くすりありますか。
아타마가 이따인데스가 쿠스리아리마스까?

● 어디(몸이라도)불편하신가요?
体の具合いでも悪いのですか。
からだのぐあいいでもわるいのですか。
카라다노 구아이데모 와루이데스까?

● 속이 좋지 않습니다.
気分が悪いです。
きぶんがわるいです。
키분가 와루이데스

● 멀미약을 부탁해요
よい止め薬をお願いします。
よいとめくすりをおねがいします。
요이도메 쿠스리오 오네가이시마스

공항편

★ 입국심사 ★

● 입국카드와 여권을 보여주세요.
入国カードとパスポートを見せてください。
にゅうこくカードとパスポートをみせてください。
뉴-꼬꾸카-도또 파스포-토오 미세떼 쿠다사이

● 여행의 목적은 무엇입니까?
旅行の 目的は なんですか。
りょこうの もくてきは なんですか。
료코노 모쿠테키와 난 데스카

● 관광입니다.
観光です。
かんこうです。
캉코우데스

● 일본에서 며칠간 머무를 예정입니까?
日本で 何日間 泊まる予定ですか。
にほんで なんにちかんとまるよていですか。
니혼데 난니치캉 토마루 요테이데스카

● 약 7일간입니다.
一週間です。
いっしゅうかんです。
야쿠 잇슈칸데스

● 직업이 무엇입니까?
おしごとは 何ですか。
おしごとは なんですか。
오시고토와 난데스카

● 학생입니다.
學生です。
がくせいです。
각세이데스

● 어디에서 머무를 예정입니까?
どこで 泊まる 予定ですか。
どこで とまる よていですか。
도코데 토마루 요테이데스카

● 유스호스텔입니다.
ユ スホステルです
유 스호스테루 데스

★ 짐찾기 ★

● 수화물은 어디에서 찾아요?
手荷物はどこで受け取りますか。
てにもつはどこでうけとりますか。
테-니모쯔와 도꼬데 우케토리마스까

● 타고오신 항공편은 무었입니까?
乗ってきた航空便はなんですか。
のってきたこうくうびんはなんですか。
놋-떼키타 코-쿠-빙와 난데스까)

● KAL701편입니다
KAL701便です。
KAL701びんです。
카-루 나나제로이찌빙 데스)

● 저기 A4번입니다
あそこのA4番です。
あそこのA4ばんです。
아소코노 에이 욘방데스)

● 제 짐이 보이지 않아요.
手荷物が見つかりません。
てにもつがみつかりません。
테-니모쯔가 미쯔카리마셍)

● 제 짐이 안 나왔는데요
私の荷物が出て来ませんでした。
わたしのにもつがでてきませんでした。
와따시노 니모쯔가 데데키마셍데시타)

● 제 짐을 잃어버렸습니다.
私の荷物をなくしてしまいました。
わたしのにもつをなくしてしまいました。
와따시노 니모쯔오 나꾸시테 시마이마시타)

★ 세관검사 ★

● 짐은 이게 전부입니까?
お荷物はこれが全部ですか。
おにもつはこれがぜんぶですか。
오니모쯔와 고레가 젬-부데스까)

● 뭐 신고할 물건은 없습니까?
何か申告するものはありませんか。
なにかしんこくするものはありませんか。
나니까 싱꼬꾸스루 모노와 아리마셍까)

● 신고할 물건은 없습니다.
申告するものはありません。
しんこくするものはありません。
싱꼬꾸스루 모노와 아리마셍까)

● 가방을 열어주세요
カバンを開けてください。
かばんをあけてください。
카방오 아케테 쿠다사이)

★ 환전하기 ★

● 환전소는 어디입니까?
両替所はどこですか。
りょうがえしょはどこですか。
료가에쇼와 도꼬데스까

● 환전해 주세요
両替お願いします。
りょうがえお願いします。
료가에오네가이시마스

● 어떻게 바꿔 드릴까요?
どのように替えましょうか。
どのようにかえましょうか。
도노요-니가에마쇼-까?

● 엔화로 바꿔 주세요
円に替えてください。
えんにかえてください。
엔니 가에떼 쿠다사이

● 여기에 서명해 주세요.
ここにサインしてください。
고코니 사인 시테쿠다사이.

★ 공항 시설 이용하기 ★

● 안내센터는 어디입니까?
インフォメーションセンターはどこですか。
인-포메-숀-센타와 도꼬데스까.

● 환승 카운터는 어디입니까?
乗りつぎカウンターじはどこですか。
のりつぎカウンターじはどこですか。
노리쯔기카운-타와 도꼬데스까

● 몇 번 게이트입니까?
何番ゲートですか。
なんばんゲートですか。
난반 게-토데스까

● 택시타는 곳은 어디입니까?
タクシー乗り場はどこですか。
タクシーのりばはどこですか。
타쿠시 노리바와 도꼬데스까

★ 공항교통 이용하기 ★

● 우에노까지 어떻게 가면 되나요?
上野までどう行けばいいですか。
うえのまでどういけばいいですか。
우에노마데 도-이케봐 이-데스까.

- 버스와 스카이라이너를 이용하세요
  バスとスカイライナーを利用してください。
  バスとスカイライナーをりようしてください。
  바스또 스카이라이나-오 리요-시테쿠다사이

- 스카이라이너는 어디에서 탑니까?
  スカイライナーはどこで乗りますか。
  スカイライナーはどこでのりますか。
  스카이라이나-와 도꼬데 노리마스까.

- 지하 1층입니다.
  地下一階です。
  ちかいっかいです。
  치까 익까이 데스.

- 표는 어디에서 삽니까?
  切符はどこで買いますか。
  きっぷはどこでかいますか。
  깁뿌와 도꼬데 카이마스까.

- 지하 1층에 매표소가 있습니다.
  地下一階に切符売り場があります。
  ちかいっかいにきっぷうりばがあります。
  치까 익까이니 깁뿌우리바가 아리마스.

- 버스는 어디서 탑니까?
  バス乗り場はどこですか。
  バスのりばはどこですか。
  바스노리바와 도꼬 데스까

● 밖으로 나가면 오른쪽에 7번 정류장입니다.
外にでてみぎ側の7番停留所です。
そとにでてみぎがわの7ばんていりゅうじょです。
소또에 데떼 미기가와노 나나반 데-류-죠데스

호텔편

● 예약하고 왔는데요。
予約してから きましたが
よやくしてから きましたが
(요야쿠시떼까라 키마시다가)

● 예약한 김 입니다
予約したきむしうです。
よやくしたきむしうです。
(요야쿠시따 키므 데스)

● 체크인 부탁합니다.
チェクインをお願いします。
チェクインをおねいします。
(첵쿠잉오 오네가이시마스)

● 빈방이 있습니까?
空いた部屋はありますか。 / 空き部屋はありますか。
あいたへやはありますか。 / あきへやはありますか。
(아이타 헤야와 아리마스카) (아끼베야와 아리마스까?)

● 하룻밤에 얼마입니까?
1晩 いくらですか。
ひとばん いくらですか。
(히토반 이쿠라데스카)

● 예약하지 않았습니다만.
予約していないですけど。
よやくしていないですけど。
(요야꾸오 시떼이나이 데스케도)

● 귀중품을 맡기고 싶은데요.
貴重品を預けたいですが。
きちょうひんをあずけたいですが。
(키쵸-힝오 아즈께따인데스가,)

● 1박에 얼마죠?
一泊いくらですか。
いっぱくいくらですか。
(입빠꾸 이꾸라데스까?)

● 짐을 방으로 옮겨 주시겠어요?
荷物を部屋に運んでもらえますか。
にもつをへやにはこんでもらえますか。
(니모쯔오 헤야니 하꼰데 모라에마스까?)

● 짐 좀 맡겨주세요.
お荷物を預けてください。
おにもつをあずけてください。
(오니모쯔 오아즈케떼구다사이)

● 맡긴 짐을 주세요。
預けた物をください。
あづけた ものをください。
아즈케따 모노오쿠다사이

● 10시까지 짐을 맡겨 두고 싶습니다.
10時まで荷物を預かってもらいたいです。
10じまでにもつをあずかってもらいたいです。
쥬우지마데 니모츠오 아즈캇테 모라이타이데스

● 방에 열쇠를 두고 나왔습니다
部屋に鍵を置き忘れました。
へやにかぎをおきわすれました。
헤야니/가기오/오끼/와스레마시따

● 국제전화를 걸고 싶습니다.
国際電話を かけたいですが。
こくさいでんわを かけたいですが。
고쿠사이뎅와오 카케따이데스가

研究室 (연구실)

● 어느 학교 다녀요?
どの学校に通っていますか。
どのがっこうにかよっていますか。
도노 갓코-니 가욧테 이마스카?

- 저는 동경대학교에 다니고 있어요.
  東京大学に通っています。
  とうきょうだいがくにかよっています。
  토우쿄 다이가쿠니 가욧테 이마스

- 몇 학년이에요?
  何年生なんねんせいですか。
  なんねんせいですか。
  난넨세- 데스카?

- 修士1학년입니다.
  修士１年生です。
  しゅうしいちねんせいです。
  슈우시이치넨세-데스

- 전공이 뭐예요?
  専攻は何なんですか。
  せんこうは何なんですか。
  센코-와 난데스카?

- 임학을 배우고 있어요.
  林学を勉強しています。
  りんがくをべんきょうしています。
  린-가쿠오 벤쿄-시테 이마스

- 이 대학교에 관한 정보를 알고 싶어요.
  この大学に関する情報を知りたいんですが。
  このだいがくにかんするじょうほうをしりたいんですが。
  코노 다이가쿠니 칸스루 조-호-오 시리타인데스가

● 입학 허가서를 받는 데 얼마나 걸려요?
入学許可書を受取うけとるのに、どれくらいかかりますか。
にゅうがくきょかしょをうけとるのに、どれくらいかかりますか。
뉴-가쿠 교카쇼오 우케토루노니 도레쿠라이 가카리마스카?

● 유학생 상담 교사를 소개해 주세요.
留学生相談教師を紹介してください。
りゅがくせいそうだんきょうしをしょうかいしてください。
류-가쿠세- 소-단 교-시오 쇼-카이시테 구다사이

● 이번 학기에 몇 과목이나 수강해요?
今学期、何科目聴いていますか。
こんがっき、なんかもくきいていますか。
곤갓키 난카모쿠 기-테 이마스카?

● 오늘은 수업이 없어요.
今日は授業がありません。
きょうはじゅぎょうがありません。
교-와 주교-가 아리마센

● 숙제는 다 했어요?
宿題は全部やりましたか。
しゅくだいはぜんぶやりましたか。
슈쿠다이와 젠부 야리마시타카?

● 지금 시험 준비로 바빠요.
今試験の準備で忙がしいです。
いましけんのじゅんびでいそがしいです。
이마 시켄노 준비데 이소가시-데스

● 시험 잘 봤어요?
試験、よくできましたか。
しけん、よくできましたか。
시켄 요쿠 데키마시타카?

● 성적을 확인하고 싶어요.
成績を確認したいんですが。
せいせきをかくにんしたいんですが。
세-세키오 가쿠닌 시타인데스가

ショッピング(쇼핑)

● 쇼핑 센터는 어느 방향이에요?
ショッピングセンターはどっちですか。
ショッピングセンターはどっちですか。
숏핀구센타-와 돗치데스카?)

● 이쪽으로 쭉 걸어가세요.
こっちをずっと行ってください。
こっちをずっといってください。
곳치오 즛토 잇테 구다사이)

● 이 근처에 전자 제품 매장이 있어?
この近かくに、家電売場ありますか。
このちかくに、かでんうりばありますか。
고노 치카쿠니 가덴 우리바 아리마스카?

- 시계 매장은 어디예요?
  時計売場はどこですか。
  とけいうりばはどこですか。
  도케- 우리바와 도코데스카?

- 화장품 코너를 찾고 있어요.
  化粧品コーナーはどこですか。
  けしょうひんコーナーはどこですか。
  게쇼-힌 코-나-와 도코데스카?

- 면세점은 몇 층이에요?
  免税店はなんかいですか。
  めんぜいてんはなんかいですか。
  멘제-텐와 난카이데스카?

- 운동화는 어디에서 사요?
  スニーカーはどこで売っていますか。
  スニーカーはどこでうっていますか。
  스니-카-와 도코데 웃테이마스카?

- 기념품 가게는 어디에 있어요?
  記念品売場はどこですか。
  きねんひんうりばはどこですか。
  기넨힌 우리바와 도코데스카?

- 입구는 어디예요?
  入口はどこですか。
  いりぐちはどこですか。
  이리구치와 도코데스카?

● 출구는 어디예요?
出口はどこですか。
でぐちはどこですか。
데구치와 도코데스카?

しょくじ (식사)

● 한식과 양식 중 어느 것을 드시고 싶으세요?
韓国料理と洋食、どちらを召し上がりたいですか。
かんこくりょうりとようしょく、どちらをめしあがりたいですか。
간코쿠료-리토 요-쇼쿠 도치라오 메시아가리타이데스카?)

● 한식을 먹을게요.
韓国料理が食べたいです。
かんこくりょうりがたべたいです。
간코쿠료-리가 다베타이데스)

● 어디 특별히 가고 싶은 식당이라도 있으세요?
どこか、行きたいレストランありますか。
どこか、いきたいレストランありますか。
도코카 이키타이 레스토란 아리마스카?)

● 이탈리안 레스토랑이 좋아요.
イタリアンレストランに行きたいです。
イタリアンレストランにいきたいです。
이타리안 레스토란니 이키타이데스

● 제가 점심을 대접하고 싶어요.
私が昼食をごちそうします。
わたしがちゅうしょくをごちそうします。
와타시가 추-쇼쿠오 고치소-시마스

● 우리 점심이나 같이 할까요?
昼食でもいっしょに食べましょうか。
ちゅうしょくでもいっしょにたべましょうか。
추-쇼쿠데모 잇쇼니 다베마쇼-카?

● 저는 이미 먹었어요.
私はもう食たべました。
わたしはもうたべました。
와타시와 모- 다베마시타

● 저는 점심을 싸 왔어요.
私は、お弁当を持もってきました。
わたしは、おべんとうをもってきました。
와타시와 오벤토-오 못테키마시타

● 전화로 시켜 먹읍시다.
電話で配達を頼のみましょう。
でんわではいたつをたのみましょう。
덴와데 하이타츠오 다노미마쇼-

● 잠시 들러서 뭐 좀 먹어요.
ちょっと入って、何か食べましょう。
ちょっとはいって、なにかたべましょう。
춋토 하잇테 나니카 다베마쇼-

● 이 근처에 괜찮은 식당이 어디예요?
近にどこか、いい食堂ありますか。
ちかくにどこか、いいしょくどうありますか。
치카쿠니 도코카 이- 쇼쿠도- 아리마스카?

● 건너편에 있는 베트남 식당이 괜찮아요.
向い側に、いいベトナム料理店があります。
むかいかわに、いいベトナムりょうりてんがあります。
무카이가와니 이- 베토나무 료-리텐가 아리마스

● 유명한 식당을 추천해 주시겠어요?
有名なレストランを推薦してくださいますか。
ゆうめいなレストランをすいせんしてくださいますか。
유-메-나 레스토란오 스이센시테 구다사이마스카?

● 이 근처에 한국 식당이 있어요?
この近くに韓国料理店ありますか。
このちかくにかんこくりょうりてんありますか。
고노 치카쿠니 간코쿠 료-리텐 아리마스카?

えいが (영화)

● 보고 싶은 게 있어요?
見たいの、ありますか。
みたいの、ありますか。
미타이노 아리마스카?

- 여름엔 액션 영화가 좋아요.
  夏なつは、アクション映画が好です。
  なつは、アクションえいががすきです。
  나츠와 아쿠숀 에-가가 스키데스

- 그럼, 제가 예매할게요.
  じゃあ、私が前売券を買っておきます。
  じゃあ、わたしがまえうりけんをかっておきます。
  자-, 와타시가 마에우리켄오 갓테오키마스

- 요즘 재미있는 영화 본 거 있어요?
  この頃、おもしろい映画見たの、ありますか。
  このごろ、おもしろいえいが見みたの、ありますか。
  고노고로 오모시로이 에-가 미타노 아리마스카?

- 이게 지금 일본에서 가장 인기 좋아요.
  これが、いま日本で一番人気です。
  これが、いまにほんでいちばんにんきです。
  고레가 이마 니혼데 이치반 닌키데스

- 지금까지 본 것 중에 최고예요.
  いままで見た中で、最高です。
  いままでみたなかで、さいこうです。
  이마마데 미타나카데 사이코-데스

びょういん (병원)

● 어디가 아프세요?
どうなさいましたか。
どうなさいましたか。
도-나사이마시타카?

● 배가 아파요.
お腹が痛です。
おなかがいたいです。
오나카가 이타이데스

● 언제부터 아프셨어요?
いつから痛いですか。
いつからいたいですか。
이츠카라 이타이데스카?

● 어제 점심 먹은 이후부터요.
昨日のお昼を食べてからです。
きのうのおひるをたべてからです。
기노-노 오히루오 다베테카라데스

● 뭘 드셨어요?
何を召上りましたか。
なにをめしあがりましたか。
나니오 메시아가리마시타카?

ぎんこう (은행)

● 통장을 만들고 싶어요.
通帳を作りたいんですが。
つうちょうをつくりたいんですが。
츠-초-오 츠쿠리타인데스가

● 예금과 적금 중 어느 것으로 하시겠어요?
預金と積金、どちらになさいますか。
よきんとつみきん、どちらになさいますか。
요킨토 츠미킨 도치라니 나사이마스카?

● 예금이요.
預金です。
よきんです。
요킨데스

● 여기 삼만 엔 예금해 주세요.
3万円、預金してください。
さんまんえん、よきんしてください。
산만엔 요킨시테 구다사이

● 현금 카드를 만들어 주세요.
キャッシュカードを作ってください。
キャッシュカードをつくってください。
캿슈 카-도오 츠쿳테 구다사이

● 계좌 이체를 하고 싶습니다.
口座振込をしたいんですが。
こうざふりこみをしたいんですが。
고-자 후리코미오 시타인데스가

● 출금 할게요.
預金を引出ます。
よきんをひきだします。
요킨오 히키다시마스

● 잔돈으로 바꿔 주세요.
小銭に換てください。
こぜににかえてください。
고제니니 가에테 구다사이

● 카드를 분실했어요. 정지해 주세요.
カードをなくしてしまいました。使用停止にしてください。
カードをなくしてしまいました。しようていしにしてください。
카-도오 나쿠시테 시마이마시타. 시요-테-시니 시테구다사이

● 현금 자동 인출기에서 제 카드가 안 빠져요.
ATMエーティーエムから、カードを取り出せません。
ATMエーティーエムから、カードをとり出だせません。
에-티-에무카라 카-도오 도리다세마센

ゆうびんきょく (우체국)

● 이 편지를 국제 우편으로 보내고 싶어요.
この手紙を国際郵便で送りたいんですが。
このてがみをこくさいゆうびんでおくりたいんですが。
고노 데가미오 고쿠사이 유-빈데 오쿠리타인데스가

● 어느 나라로 보내십니까?
どの国に送おくるんですか。
どのくににおくるんですか。
도노 쿠니니 오쿠룬데스카?

● 한국이요.
韓国です。
かんこくです。
간코쿠데스

● 우표를 사고 싶습니다.
切手を買たいんですが。
きってをかいたいんですが。
깃테오 가이타인데스가

● 보통 우편으로 보내 주세요.
普通郵便で送ってください。
ふつうゆうびんでおくってください。
후츠-유-빈데 오쿳테 구다사이

● 이 소포를 한국에 보내고 싶어요.
この小包を韓国に送りたいんですが。
このこづつみをかんこくにおくりたいんですが。
고노 고즈츠미오 간코쿠니 오쿠리타인데스가

● 선박 우편은 없어요?
船便はありませんか。
ふなびんはありませんか。
후나빈와 아리마센카?

● 제 우편물을 찾으러 왔어요.
私の郵便物を取りに来ました。
わたしのゆうびんぶつをとりにきました。
와타시노 유-빈부츠오 도리니 기마시타

사진

● 여기에서 사진을 찍어도 됩니까?
ここで 写真を 撮っても いいですか。
ここで しゃしんを とっても いいですか。
고코데 샤싱오 톳 테모 이이데스카

● 죄송하지만 사진 좀 찍어주세요.
すみませんが、写真を撮ってもください。
すみませんが、しゃしんをとってください。
스미마센가 샤싱오 톳떼 구다사이

● 괜찮으시다면, 함께 찍어도 괜찮습니까?
よかったら一緒に写真を撮ってもいいですか 。

よかったらいっしょにしゃしんを とってもいいですか。

요캇타라 잇쇼니 사싱오 톳떼모 이이데스까

● 함께 찍으시겠습니까?
一緒に撮りませんか。

いっしょにとりませんか。

잇쇼니 토리마센카

길찾기

● ~역은 어디입니까?
~駅は どこですか.

~えきは どこですか.

~에키와 도코데스까?

● ~는 어디입니까?
~は どこですか.

~와 도코데스까?

● ~는 어느쪽입니까?
~は どちらですか.

~와 도찌라데스까?

● 이곳은 어디입니까?
ここは どこですか
고코와 도코데스카

● 여기가 무슨 역이에요?
ここは何えきですか
코꼬와 나니에끼데스까

● ~로 가려면 어느 쪽으로 가야 하나요?
~に行こうとすればどっちに行きますか。
~にいこうとすればどっちにいきますか。
~도 이코우또 스레바 돗치니 이키마스카

● 가장 가까운 지하철역은 어디입니까?
最寄りの 地下鉄の駅は どこですか。
もよりのちかてつのえきは どこですか
모요리노 치카테츠노 에끼와 도꼬데스까

● ~으로 가는 지하철 타려면 어디로 가야하나요?
~に行きたいですがどのメトロ線を乗って良ですか
~にいきたいですがどのメトロせんをのっていいですか
(~니이끼따이데스가, 도노메또로센오 놋떼 이이데스까)

● 이 지하철은 ~에 갑니까?
この メトロ線は ~に行きますか
(코노 메또로센와 ~니 이끼마스까)

● 이 전철이 ㅁㅁ로 갑니까?

この電車はㅁㅁへ行きますか。

このでんしゃはㅁㅁへいきますか。

고노 덴샤와 ㅁㅁ에 이키마스카

● ㅁㅁ역으로 가려면 무엇을 타야 하나요?

ㅁㅁ駅に行こうとすればなにに乗りますか

ㅁㅁえきにいこうとすればなにになりますか

ㅁㅁ에키니 이코우또 스레바 나니니 노리마스카

● 이곳에서 이곳으로 가려면 어떻게 합니까?

ここからここまで行こうとしたらどうすればいいですか

코까라 코코마데 이코-또시타라 도-스레바 이이데스까?

● ~까지 가고 싶습니다

~までいきたいですが.

~마데 이키따이데스가

● 거기 가려면 어떻게 합니까?

あそこに行くならどうしますか

아소코니 이쿠나라 도-시마스카

● 얼마나 걸립니까?

どのくらいかかりますか

도노 구라이 가카리마스카

● 표 파는 곳은 어디입니까?
切符売り場は床ですか。
きっぷうりばはどこですか。
킷뿌 우리바와 도코데스까

● 요금은 얼마입니까?
料金はいくらですか。
ょうきんはいくらですか。
료-킹와 이쿠라데스까

● 중간에 갈아타야 합니까?
中間に乗り換えますか。
ちゅうかんにのりかえますか。
츄-칸니 노리 카에마스카

● 갈아타는 곳은 어디인가요?
乗り換えはどこですか。
のりかえはどこですか。
노리카에와 도꼬데스까

● 다음 정거장이 ~ 입니까?
次の 駅は ~ですか。
つぎのえきは~ですか。
쯔기노 에키와 데스카

● 어디에서 내립니까?
とこで降りるのですか。
とこでおりるのですか。
도코데 오리루노데스카

● 시간은 얼마 정도 걸립니까?

時間はどれぐらい掛りますか。

じかんはどれぐらい かかりますか。

지캉와 도레구라이 카카리 마스까

● 여기에 약도를 그려주세요.

ここに地図を書いてください。

ここにちずをかいてkyださい。

코꼬니 치즈오 카이떼 쿠다사이

● 택시 타는 곳은 어디인가요?

タクシーのり場ばはどこですか

タクシーのりばはどこですか。

타쿠시-노리바와 도꼬데스까

● (지도를 가리키며)이곳으로 가주세요.

ここに行ってください

코코니 잇떼 쿠닷사이

● ~까지 가 주세요.

~までいってください.

~마데 잇떼쿠다사이

● 관광안내소는 어디에 있나요?

觀光案內所はどこですか。

かんこうあんないしょはどこですか。

캉꼬-안나이죠와 도꼬데스까

● 길을 잃었습니다
道に迷いました。
みちにまよいました。
미찌니 마요이마시따

● 표를 읽어버렸어요.
切符をなくしてしまいました。
きっぷをなくしてしまいました。
킷푸오 나쿠시떼 시마이마시따

● 이 근처에 파출소가 있습니까?
この近くに交番はありますか。
このちかくにこうばんはありますか。
코노 치까꾸니 코-방와 아리마스까?

● 실례합니다. 여기가 어디예요?
すみません。ここはどこですか。
스미마센. 고코와 도코데스카?

● 시청역입니다.
市庁駅です。
しちょうえきです。
시초-에키데스

● 제가 지금 있는 곳이 어디예요?
いま、私のいるところはどこですか。
이마 와타시노 이루 도코로와 도코데스카?

식당(음식점)

- 자리있습니까?
  席はありますか。
  せきはありますか。
  세끼와 아리마스까?

- 자리가 비어있습니까?
  席が空いていますか。
  せきがあいていますか。
  세끼가 아이떼 이마스까?

- 메뉴를 보여 주십시오.
  メニューを見せてください。
  メニューをみせてください。
  메뉴-오 미세테 구다사이

- 어느 것이 맛있나요.
  どれがおいしいですか
  도레가 오이시이데스까

- (음식을 보며) 무엇 무엇이 들어갑니까?
  何が入っていますか？
  なにがはいっていますか？
  나니가 하잇떼 이마스까?

● 매운 것은 무엇이 있습니까?
辛い物は何がありますか。
からいものはなにがありますか。
카라이 모노와 나니가 아리 마스까?

● 한국인에게 인기 있는 걸로 추천해주세요.
韓国人に一番人気があるものをお勧めしてください。
かんこくじんにいちばんにんきがあるものをおすすめしてください。
캉코쿠징니 이찌방 닌끼아루모노오 오스스메시떼 쿠다사이

● 주문하겠습니다.
注文お願いします。
ちゅうもんおねいします。
츄-몽 오네가이시마스

● 저것과 같은 걸로 주세요
あれと同じ物をください.
あれとおなじものをください.
아레또 오나지모노오 쿠다사이

● 달지 않도록 해주세요.
甘くないよにしてください
あまくないよにしてください
아마쿠나이요니 시떼쿠다사이

● 물 좀 더 주세요.
お水おかわりお願いします。
おみずのおかわりおねがいします。
오미즈노 오카와리 오네가이시마스

● 녹차, 차가운 물, 뜨거운 물
お茶,お水,お湯
おちゃ,おみず,おゆ
오차, 오미즈, 오유

● 물수건, 계산서, 재떨이
おしぼり,計算書,灰皿
おしぼり,けいさんしょ,はいざら
오시보리, 게이산쇼, 하이자라

● 계산부탁합니다.
おかいけいおねがいします。
오카이케이오네가이시마스

● 계산해 주세요.
おかんじょうおねがいします.
오칸죠- 오네가이시마스

● 남은 것을 싸 주세요.
のこりをつつんでください。
노꼬리오 쯔쯘데 쿠다사이

유용한 일본어 編

NIPPON
日本
NIHON

에듀컨텐츠·휴피아
Educontents·Huepia

1. 50음도 컴퓨터 자판

あ	か	さ	た	な	は	ま	や	ら	わ
a	ka	sa	ta	na	ha	ma	ya	ra	wa
い	き	し	ち	に	ひ	み		り	
i	ki	si	ti	ni	hi	mi		ri	
う	く	す	つ	ぬ	ふ	む	ゆ	る	を
u	ku	su	tu	nu	hu	mu	yu	ru	wo
え	け	せ	て	ね	へ	め		れ	
e	ke	se	te	ne	he	me		re	
お	こ	そ	と	の	ほ	も	よ	ろ	ん
o	ko	so	to	no	ho	mo	yo	ro	nn

탁음 반탁음				
が	ざ	だ	ば	ぱ
ga	za	da	ba	pa
ぎ	じ	ぢ	び	ぴ
gi	zi	di	bi	pi
ぐ	ず	づ	ぶ	ぷ
gu	zu	du	bu	pu
げ	ぜ	で	べ	ぺ
ge	ze	de	be	pe

2. 동사의 활용표

기본형	부정형	중지형	정중형	접속형	과거형	열거형
書く	書かない	書き	書きます	書いて	書いた	書いたり
泳ぐ	泳がない	泳ぎ	泳ぎます	泳いで	泳いだ	泳いだり
持つ	持たない	持ち	持ちます	持って	持った	持ったり
取る	取らない	取り	取ります	取って	取った	取ったり
買う	買わない	買い	買います	買って	買った	買ったり
読む	読まない	読み	読みます	読んで	読んだ	読んだり
呼ぶ	呼ばない	呼び	呼びます	呼んで	呼んだ	呼んだり
死ぬ	死なない	死に	死にます	死んで	死んだ	死んだり
貸す	貸さない	貸し	貸します	貸して	貸した	貸したり
起きる	起きない	起き	起きます	起きて	起きた	起きたり
食べる	食べない	食べ	食べます	食べて	食べた	食べたり
来る	こない	き	きます	きて	きた	きたり
する	しない	し	します	して	した	したり

조건형	가정형	명령형	가능형	의지형	수동형	사역형
書いたら	書けば	書け	書ける	書こう	書かれる	書かせる
泳いだら	泳げば	泳げ	泳げる	泳ごう	泳がれる	泳がせる
持ったら	持でば	持て	持てる	持とう	持たれる	持たせる
取ったら	取れば	取れ	取れる	取ろう	取られる	取らせる
買ったら	買えば	買え	買える	買おう	買われる	買わせる
読んだら	読めば	読め	読める	読もう	読まれる	読ませる
呼んだら	呼べば	呼べ	呼べる	呼ぼう	呼ばれる	呼ばせる
死んだら	死ねば	死ね	死ねる	死のう	死なれる	死なせる
貸したら	貸せば	貸せ	貸せる	貸そう	貸させる	貸させる
起きたら	起きれば	起きろ	起きられる	起きよう	起きられる	起きさせる
食べたら	食べれば	食べろ	食べられる	食べよう	食べられる	食べさせる
きたら	くれば	こい	こられる	こよう	こられる	こさせる
したら	すれば	しろ/せよ	できる	しよう	される	させる

3. 생각차이 10개조 つもりちがい１０カ条

의미	이렇게 써요
높은 것 같지만 낮은 것은 교양	高いつもりで低いのは　教養(きょうよう) 다카이 쯔모리데 히쿠이노와 쿄요-
낮은 것 같지만 높은 것은 기위	低いつもりで高いのは　気位（きぐらい） 히쿠이 쯔모리데 다카이노와 키구라이
깊은 것 같지만 얕은 것은 지식	深いつもりで浅いのは　知識（ちしき） 후카이 쯔모리데 아사이노와 치시끼
얕은 것 같지만 깊은 것은 욕심	浅いつもりで深いのは　　欲の皮（よくのかわ） 아사이 쯔모리데 후카이노와 요쿠노카와
얇은 것 같지만 두꺼운 것은 인정	厚いつもりで薄いのは　人情（にんじょう） 아쯔이 쯔모리데 우스이노와 닌죠
두꺼운 것 같지만 얇은 것은 면상	薄いつもりで厚いのは　　面の皮（つらのかわ） 우스이 쯔모리데 아쯔이노와 쯔라노 카와
강한 것 같지만 약한 것은 근성	強いつもりで弱いのは　根性（こんじょう） 쯔요이 쯔모리데 요와이노와 콘죠
약한 것 같지만 강한 것은 자아	弱いつもりで強いのは　自我（じが） 요와이 쯔모리데 쯔요이노와 지가
많은 것 같지만 작은 것은 분별	多いつもりで小さいのは　分別（ぶんべつ） 오오이쯔모리데 찌이사이나와 분베쯔
작은 것 같지만 많은 것은 헛됨	小さいつもりで多いのは　無駄（むだ） 찌이사이 쯔모리데 오오이노와 무다

·気位(きぐらい)：

자기의 품위를 간직하려는 마음 가짐

·欲の皮(よくのかわ)　：

욕심

·面の皮（つらのかわ）：

면상, 낯짝, 낯가죽

·無駄（むだ）：

헛됨, 쓸데없음

4. 아닌 것 십훈 ならぬもの十訓

의미	이렇게 쓰고 말해요
잊지 말아야 할 것은 은혜	忘れてならぬものは　恩義（おんぎ） 와스레떼 나라누 모노와 온기
버리지 말아야 할 것은 의리	捨ててならぬものは　義理（ぎり） 스테테 나라누 모노와 기리
사람에게 주는 것은 인정	人にあたえるものは　人情（にんじょう） 히토니 아타에루 모노와 닌죠
반복하지 말아야 할 것은 과실	繰り替えしてならぬものは　過失（かしつ） 쿠리카에시테 나라누 모노와 카시쯔
통하지 말아야 할 것은 치의	通してならぬものは　致意　（ちぎ） 토-지테 나라누 모노와 치기
웃지 말아야 할 것은 다른 사람의 실패	笑ってならぬものは　人の失敗（しんぱい） 와랏떼 나라누 모노와 히토노 싯빠이
듣지 말아야 할 것은 다른 사람의 비밀	聞いてならぬものは　人の秘密（ひみつ） 키-떼 나라누 모노와 히토노 히미쯔
돈으로 살수 없는 것은 신용	お金で買えぬものは　信用（しんよう） 오카네데 카에누 모노와 신요-

·恩義（おんぎ）：

은의, 갚아야 할 만한 은혜와 의리

·致意（ちぎ）：

자신의 뜻을 남에게 알림

5. 비슷해서 혼동하기 쉬운 말들

1. **~について** [~에 관하여;~에 대하여]
다루고 있거나 관계를 갖고 있는 대상을 지시한다. 언어활동이나 사고에 관계되는 말 言う, 聞く, 考える, 書く, 調べる 등이 뒤에 오는 경우가 많다.

2. **~に関して·~に関するする** [~에 관하여·~에 관한]
다루고 있거나 관계를 갖고 있는 대상을 지시한다.
~について보다 격식 차린 표현

3. **~に対して·~に対する** [~에게;~을 상대로;~에 대하여· ~에 대한]
동작이나 감정이 향해지는 대상을 나타낸다. 상대방에게 직접 동작이 미칠 때 사용한다. 뒤에는 대립 관계를 나타내는 말이 오는 경우가 많다.

4. **~にこたえて·~にこたえる** [~에 따르도록; ~에 따라(부응하여)·~에 따른(부응하는)] [~]에는 질문, 기대 요청 등을 나타내는 명사가 온다

5. **~をめぐつて·~をめぐる** [~을 논의나 논쟁의 중심점으로 하여; ~을 둘러싸고(~과 관련하여)·~을 둘러싼] 「~」을 중심으로 하여, 어떤 논의나 대립관계가 발생했는지 말할 때. 의견의 대립 여러 가지 논쟁, 논의 등의 뜻을 가진 동사가 뒤에 오는 경우가 많다.

6. **~向けに·~向けの·~向けた** [~을 위하여;~용으로·~을 위한;~용의·~용이다] 「~에게 적합하도록」이라는 의미로 말하고 싶을 때.

7. **~にかかわる** [~와 중요한 관계가 있는;~에 관계된;~에 관련된]
단순히「관계가 있다」는 뜻을 넘어 중대한 영향을 미친다는 뜻으로 쓰인다.

8. **~ように** [~라는 목적이 실현되기를 기대하여;~하도록]
소원, 원망, 목적을 나타낸다. [~]에는 말하는 사람의 의지와는 무관한 동사(의지를 내포하지 않은 동사나 가능의 뜻을 가진 동사)가 온다.

9. **~上で** [~하는 데에(있어서);~(상)에;~할 때]
「~」라는 중요한 목적을 나타낸다. 어떤 목표를 달성하는 데 필요한 것이나 중요한 것 등을 나타내는 문장이 뒤에 온다. 동작을 나타내는 문장은 오지 않는다.

10. **~べく** [~하려고(생각하여);~하기 위해]
어떤 목적을 가지고 그렇게 했다고 말하고 싶을 때. 의뢰. 명령. 사역을 나타내는 문장은 뒤에 올 수 없다.

11. **~んがため(に)·~んがための** [~하려는 목적으로;~하기 위해·~하기 위한] 「반드시 실현시키고자 하는 적극적인 목적을 가지고 어떤 일을 하다」라고 말하고 싶을 때. 의뢰·명령·권유를 나타내는 문장은 뒤에 올 수 없다. 문어적이고 격식 차린 표현.

13. **~によって·~による** [~에 의하여;~로(써), ~에 의한]
「~」라는 수단, 방법 등을 통해 어떤 일을 행한다고 말하고 싶을 때. [~によって] 는 일시적으로 이용하는 신변의 도구나 수단에는 쓸 수 없다.

14. **~によって** [~에 의하여] 수동태 문장에서, 수동태 동사의 동작 주체를 나타낸다. 수동태 문장에서, 수동태 동사의 동작 주체는 보통 [に]로 표현되나, 문장의 주어가 생물 이외의 것으로 특정 동작을 강조하고 싶을 때에는 [~によって]를 쓰는 경우가 많다.

15. **~によると·~によれば** [~로는;~에 의하면;~에 따르면] 전해 들은 말이나 문장에서 그 내용의 출처를 나타낸다.

16. **~を通じて·~を通して** [~을 수단으로 하여;~을 중간 매개체로 하여;~을 통하여] 어떤 일이 성사되거나 행해질 때, 그 매개나 수단이 되는 것 또는 사람을 나타낸다. [~を通じて]·[~を通して]는 거의 구별 없이 쓰이나 ~を通じては [~]라는 수단 매개로 인해 어떤 일이 성사됨을 나타내며 ~を通しては [~]을 중간에 세워 어떤 일을 행한다는 적극적인 의미로 쓰이는 경우가 많다. [~によって]보다 간접적인 표현.

17. **~もって** [~으로;~로써] 「~」라는 수단·방법·재료를 이용하여 어떤 일을 행한다고 말하고 싶을 때. 일상 회화, 특히 신변의 구체적인 도구나 수단에 쓰이는 경우는 드물다.

18. **~をはじめ(として)·~をはじめとする** [~을 첫째로 하여;~을 비롯하여·~을 비롯한] 대표적인 것을 예로 들어, 「그것을 비롯하여 그 밖의 것 모두」라고 말하고 싶을 때.

19. **~からして** [대표적인 예를 들자면;~에서부터;~부터가;~에서 시작하여] 「~をはじめ」와 의미 용법은 매우 비슷하나 「~ をはじめ」는 대표적인 것을 예로 들어 그것을 포함 한 전체를 가리키는 반면, ~からして는 그다지 문제되지 않는 것을 굳이 지적하여, [그것부터가(그렇고 나머지도)라는 뜻으로 부정적인 기분을 강조하는 경우가 많다.

20. **~から~にかけて** [~부터~사이(에);~부터~에 걸쳐] 시간적·공간적 범위를 나타낸다. [~から~まで]는 시작과 끝이 분명하며, 그동안 죽 같은 상태가 지속되는 것을 나타낸다. 그에 반해 [~から~にかけて]는 시작과 끝이 그다지 분명하지 않으며, 뒤에는 한 번으로 그치는 것이 아닌, 연속적인 상황을 나타내는 문장이 온다.

21. **~にわたって·~にわたる** [~전체에~에 걸쳐서·~에 걸친] 장소·기간·어떤 사항 등이 어떤 범위 전체에 미치는 것을 나타낸다.

21. **~にわたって·~にわたる** [~전체에~에 걸쳐서·~에 걸친] 장소·기간·어떤 사항 등이 어떤 범위 전체에 미치는 것을 나타낸다.

22. **~を通じて·~を通して** [~동안 계속;~을 통하여; ~내내] 장소나 기간이 어떤 범위 전체에 미치는 것을 가리키며, 나아가 어떤 사항이 일정 기간 계속해서 일어나는 것을 나타내기도 한다. [~を通して]는 적극적이며 의지가 담긴 내용의 문장과 연결되는 경우가 많다.

23. **~だけ·~だけの** [~의 범위는 전부;~만큼·~만큼의] 정도, 범위의 한계를 나타낸다.

24. **~かぎり·~かぎりの** [~의 한계까지;~하는 한· ~하는 한의] 정도·범위의 최고 한계를 나타낸다.

25. **~を皮切りに(して)·~を皮切りとして** [~에서부터 시작하여, ~을 시작하여, 시초로 하여] 「~을 시작으로, 그 후에도 잇달아」라고 말하고 싶을 때.

26. **~に至るまで** [~까지도;~에 이르기까지] 「일의 범위가 어느 단계에까지 이르렀다」고 말하고 싶을 때. 상한을 강조하는 표현이므로 [~]에는 극단적인 의미의 명사가 온다. 문어적 표현

27. **~を限りに** [~을 마지막으로;~을 끝으로] 지금까지 계속되어 온 일이 앞으로는 더 이상 계속되지 않게 됨을 나타낸다. [~의 한계까지] 라는 뜻의 관용 표현도 있다. ex) 聲を限りに

28. **~をもって** [~(으)로;~을 끝으로] 「~을 시점으로 일단 끊어서」라는 뜻. 공문서 나 인사말 등에 볼 수 있는 표현.

29. **~というところだ·~といったところだ** [잘해야 ~다·기껏해야 ~다] 기껏해야 ~다, 잘해야~다,~이상은 아니다 라고 말하고 싶을 때 쓰는 표현이므로 [~]에는 그리 많지 않게 느껴지는 수량이 온다.

30. **~折(に)·~折の** [~하는 기회에;~할 때(에)·~할 때의] 시간의 흐름 속에서 다른 것과 구별되는「(특별한)때, 기회·경우」를 나타낸다. [어떤 좋은 기회]에라는 뜻이므로, 뒤에는 주로 긍정적인 내용이 온다. 또 [~(の)折(に)]의 경우는 현재가 아니라 '앞으로 그 사태가 일어날 때에'라는 뉘앙스임에 주의

31. **~際(に)·~際の** [~때에;~시에·~때의]

32. **~に際して** [~할 때에;~에 즈음하여] 「어떤 특별한 일을 시작하는 시점에서」 또는 「그 일이 진행중인 시점에서」라는 뜻으로, 동작이나 작용이 행해지는 때· 상황을 나타낸다.

33. **~にあたって** [~할 때에;~을 맞이하여] 「~」라는 특별한 때(시기)에 대한 적극적인 자세를 나타내고 싶을 때.

34. **~ところ·~ところだ** [막~하는 참·막~하는 참이다] 어떤 동작이나 현상의 진행이 어느 단계에 있는지를 나타낸다. [~ところ] 앞에 오는 동사의 활용에 따라 각각 과거, 현재진행, 가까운 미래 등을 나타내게 된다.

35. **~かける·~かけの·~かけだ** [~하다 말다·~하다 만·~하다 말다] 어떤 동작을 하다 만 상태를 나타낸다.

36. **~うちに** [~하고 있는 사이에;~하는 동안에(중에);~하다 보니(보면)] 「~」하는 사이에, 처음에는 예상하지 못했던 결과가 되는 경우를 나타낸다. [~]에는 계속성을 나타내는 말이 온다.

37. **~最中(に)· ~最中だ** [마침~하는 중에 ;한창~중(에)·한창~중이다] 「마침~하고 있을 때」라는 뜻.

38. **~において·~における** [~에서/~(에서)의] 어떤 일이 행해지는 때, 장소·장면·상황을 나타낸다.

39. **~にあって** [~에 (있어서)] 「~라는 특별한 사태·상황에 처하여」라고 말하고 싶을 때 쓴다. [이런 어려운 상황에 있는데]라고 하여, 뒷 문장과 역접으로 연결되는 경우도 있다.

40. **~たとたん(に)** [~했더니 바로 그 순간;~하자마자;~한 순간] [앞일이 끝남과 동시에 예기치 않던 뒷일이 생겼다」라고 말하고 싶을 때 쓴다. 앞일과 뒷일은 관련된 경우가 많다.

41. **~(か)と思うと·~(か)と思ったら** [~하자 곧;~나 싶더니 곧 ;~와 거의 동시에] 앞일이 일어난 직후에 뒷일이 일어남을 나타낸다.

42. **~か~ないかのうちに** [~하자 동시에;~함과 동시에;~하자마자] 「앞일이 일어난 직후, 곧 뒷일이 생기다」라고 말하고 싶을 때 쓴다. たとたん(に), (か)とおもうと, (か)とおもったら, か ないかのうちに는 실제 사건을 묘사한다는 점이 특징이므로 일반적 습관이나 필연적인 현상 잠재적 내지는 아직 일어나지 않는 동작을 나타내는 문장(명령문, 의지문, 추측문, 부정문 등)이 뒤에 오는 일이 없다.

43. ~次第 [~하면 바로; ~하자마자] 앞일이 발생하면, 곧바로 뒷일을 하겠다는 의지를 전달하고 싶을 때 많이 쓴다.

44. ~が早いか [~함과 동시에;~하자마자;~와 거의 동시에] 「앞일이 생긴 직후, 뒷일이 생기다」라고 말하고 싶을 때 쓴다.

45. ~や·~や否や [~함과 동시에;~하자마자;~와 거의 동시에] 「앞일이 생긴 직후, 뒷일이 생긴다」라고 말하고 싶을 때 쓴다. 뒷일은 앞일에 반응해서 일어나는 예상 밖의 사건인 경우가 많다.

46. ~なり [~함과 동시에;~하자마자] 「~함과 동시에, 평소와는 다른 행동을 했다」라고 말하고 싶을 때 쓴다.

47. ~そばから [아무리~해도 곧;~하는 족족] 「(아무리)~하고 ~해도, 곧 뒷일이 생긴다」라고 말하고 싶을 때 쓴다.

48. ~てはじめて [~서야 비로소] 「~하기 전에는 그렇지 않았는데,~한 후, 그것이 원인이 되어 겨우 그런 상태가 되다」라고 말하고 싶을 때.

49. ~上で·~上の [~하고 나서;~한 후에·~한 후의] 「~을 한 후, 그 결과에 입각하여 다음 동작을 한다」고 말하고 싶을 때 쓴다.

50. ~て以来 [~한 후, 계속;~한 이래;~한 이후] 「어떤 동작이 행해진 후, 그 상태가 쭉 계속되고 있다」라고 말하고 싶을 때 쓴다. 한 번으로 끝나는 동사는 올 수가 없다.

51. ~てからでないと·~てからでなければ [~한 후가 아니면;~하지 않고서는] 「미리~할 필요가 있다」라고 말하고 싶을 때 쓴다. 뒤에는 곤란, 불가능 등을 뜻하는 문장이 온다.

52. ~うちに·~ないうちに [~하는 동안에· ~하기 전에] 「~과 반대되는 상태가 되면 실현하기 어려워지므로, 그렇게 되기 전에」라고 말하고 싶을 때 쓴다.

53. ~に先立って~に先立つ [~하기 전에 그 준비로;~에 앞서·~에 앞선] [~에는 중요한 일 등을 나타내는 말이 온다.]

54. ~てからというもの [~한 이래, 쭉;~한 이후로] [~] 가 나중 상태의 계기가 되는 경우가 많다. 말하는 사람의 심정이 담겨있다.

55. ~一方だ [점점 더 ~해지다;(오로지)~할 뿐이다;~하기만 하다] 오로지「~」의 방향(대개는 부정적인 방향)으로만 변화가 진행되고 있음을 나타낸다. 변화를 나타내는 동사에 접속한다.

6. 동의 · 이의어

1. あがる, のぼる : 오르다.
아래로 부터 위로의 이동을 나타낸다.

1) あがる
① 순간적인 동작을 나타내며 이동한 목표점에 중점이 있다.
② 전체, 부분 어느 것의 동작에도 사용되고 또한 다른 것의 힘이나 의지에 의해 움직여지는 사물에도 사용된다.

2) のぼる
① 계속적인 동작을 나타내며 어떤 코스를 경유해서 서서히 이동하는 경로에 중점이 있다.
② 자체의 이동(전체 동작)이며, 또한 자력으로 이동하는 사물에 대해 한정된다.
③ 무의지 적인 현상에도 사용할 수 있다.

2. あつまる, むらがる, たがる : 모이다.

1) あつまる
산재해 있었던 同類의; 사물이 어느 목적이나 원인에 의해 일정한 곳으로 모이는 행위나 작용을 나타내며, 또한 우연히 같은 곳에 많은 同類가 존재하는 것을 의미하는데 다음과 같은 조건이 있다.
① 모이는 주체가 셋 이상의 복수이어야 한다.
② 대상에 관계없이 모이는 장소만 지정해도 좋다.
③ 몇 개의 목적 또는 원인이 필요하다.

3. あまり, のこり : 나머지

1) あまり 지금까지 한 것과 관계없이 일정한 기준을 넘은 부분에 대해 사용한다.

2) のこり 지금까지 사용한 부분에 대한 표현 * 그 외의 「あまり」는 접미어 적으로 「~남짓」,「~한 나머지」 등의 뜻도 있다.

4. あらかじめ, まえもって, かねて, かねかね : 미리, 사전에, 전부터

1) あらかじめ 어떤 일을 일으키거나 일어나는 것에 대비하여 사전에 그 일을 알고 그것에 필요한 조치를 취하는 경우로 미리 준비하는 시기보다 일의 대처에 중점을 둔다.

2) まえもって 「 あらかじめ 」와 거의 동일한 의미로 사용되나 그 이전에 어떤 특정의 시점에 있어서 계획적으로 필요한 조치를 취하는 경우에 사용한다.

3) かねて, かねかね 현재보다 과거의 어느 시기의 사항을 대상으로 하여 그것을 의식하고 그것이 현재까지 계속되는 상태를 나타낼 때 사용한다.

5. いう, はな, かたる : 말하다.

1) いう 내용에 관계없이, 언어활동을 하는 것이다.

2) はなす, かたる 정리된 내용을 이야기할 때 사용한다.

6. いじめる, いびる, さいなむ : 구박하다, 괴롭히다.

1) いじめる 인간 동물 양쪽에 모두 사용하며 비교적 악의가 없는 기분이다.

2) いびる 대상이 보통 인간에 한정되며 음험하고 악의가 있음을 나타낸다.

3) さいなむ 의미적으로 「いじめる」와 거의 동일하나 그밖에 추상 명사가 주어가 되어 대상을 괴롭힌다는 의미로도 사용한다.

7. いちだんと, ひときわ, ひとしお : 한층, 더, 더욱

1) いちだんと 여러 개 또는 특정의 두 개를 비교하여 한 쪽이 「훨씬~하다 」의 경우에 사용한다.

2) ひときわ 두 개가 아니고 몇 개중 「그중에서 특히」의 경우에 사용한다.

3) ひとしお 「ひときわ」보다 가까우나 「ひときわ」보다 의미가 한정되어 있고, 주로 감정적인 것을 표현하는데 사용한다.

8. いっょに, ともに : 함께

1) いっょに A와 B를 一體化해서 하나의 전체를 간주할 때 사용한다.

2) ともに A는 A, B는 B로 각각 독립된 개별 존재이지만 가끔 시간과 상태에 있어 양자가 공통점을 가지는 점에서 일괄하여 취급한다는 의미가 강하다.

9. いりみだれる, いりくむ : 뒤섞이다, 뒤얽히다.

1) いりみだれる 둘 이상의 난잡한 상태로 움직이고 있는 것을 나타낼 때 주로 사용하며 주로 동작 변화와 같은 動的인 것을 나타낸다.

2) いりくむ 어떤 한 가지가 복잡하게 뒤얽혀 있는 것을 나타낼 때 사용하며 주로 「 いりくんだ~」, 「 いりくんでいる 」의 형태로 상태를 나타낸다.

10. うつ, たたく, なぐる, ぶつ : 때리다, 치다.

1) うつ, たたく 맨손 혹은 도구를 이용해서 대상에 타격을 가하는 것, 그 결과 대상이 손상을 입히는 것을 목적으로 하는 것.

2) なぐる
① 인간이 인간이나 동물의 몸에 타격을 가하는 행위인데 주먹, 막대기 등을 손에 쥐고 위로부터 아래로 휘두르거나 팔을 옆으로 휘둘러 상대의 몸에 맞히는 경우에 사용한다.
② 성나거나 미운 기분으로 상대에게 육체적으로 쇼크를 주는 것을 목적으로 하는 행위에 사용한다.

3) ぶつ
① 상대에게 정신적인 쇼크를 주면 좋을 정도의 약한 충격이며 장난삼 아 상대를 치는 경우도 있다.

② 막대기 등을 이용해도 좋고 직접 손으로 행해도 좋다. 맨손의 경우는 당수와 같이 손바닥 또는 손가락 볼을 치는 행위이다.

11. うらやましい, ねだましい 다른 사람의 훌륭한 상태를 보고 동경하는 기분이다.

1) うらやましい
나도 훌륭한 상태로 이르고 싶다는 善意의 감정이다.

2) ねたましい
될 수 있다면 상대를 끌어내리고 내가 훌륭한 상태에 이르고 싶어 하는 惡意의 감정이며 상대를 질투하는 마음이다.

12. うれしい, たのしい, よろこばしい

1) うれしい
자신이 기대하고 있던 상황 변화에 대해 느끼는 유쾌함을 나타낸다.

2) たのしい
자신의 행동을 통한 쾌감을 나타낸다.

3) よろこばしい
「うれしい」와 거의 동일하나 대개는 타인에 대해 사용하며 또한, 주로 공식적인 인사말로 사용한다.

13.うろうろ, まごまご 본인이 어쩔 줄 모르는 경우에 사용한다.

1) うろうろ
① 제3자가 보아 목표도 없이 어물쩍 거리는 경우에 사용한다.
② 대개 돌아다니는 경우에 사용하며 그 시간은 길든 짧든 상관없다.

2) まごまご
돌아다니는 경우나 또는 앉은 채로 무언가를 찾아 여기저기 허둥지둥대는 경우에도 사용하며 그 시간은 대체로 짧다.

14.おこなる, さぼる, なまける, ずるける

1) さぼる, なまける, ずるける는 의도, 목적을 갖는다

2) おこたる
당연히 해야 할 것을 깜빡 잊었을 경우에 사용한다.

15. おそい, のろい 모두 [속도]가 늦다는 의미로 사용된다.

1) おそい : 시기, 시각, 속도 등이 늦을 경우에 사용한다.

2) のろい : 속도에 한에서만 사용한다. のろい는 [にぶい] 와 비슷한 의미로 [바람직하지 못하다]는 의미를 지니기도 한다.

16. おりる, さがる, くだる 모두 (上)에서 (下)로의 이동 변형을 나타낸다.

1) おりる
사람 또는 그 이외의 것이 이동하여 아래에 올 때 사용한다.

2) さがる
동작으로서가 아니고 객관적으로 위치가 아래에 위치하게 될 때 사용한다. 따라서 동작이 아닌 현상은 「おりる」를 사용할 수 없다.

3)くだる
어떤 코스를 경유하여 서서히 위에서 아래로 이동하는 계속적인 기분의 경우에 사용한다.

17. かう, かいとる, かいこむ, 購入する, あがなう : 사다, 사들이다.

1) かう
가장 폭넓게 사용하며, 추상적인 권리나 사물, 사람에 대한 평가를 할 경우에도 사용한다.

2) かいとる
「かう」와 거의 동일한 의미로 사용되며 특히「소유권 이동」에 중점

을 두고 있다.

3) かいこむ
상당량의 물건을 사는 경우나, 본인에게 특별히 가치가 있는 것을 구입하는 경우에 사용한다.

4) 購入する
형식적, 공적, 양적, 금액적으로 액수가 큰 경우에 사용한다.

5) あがなう 雅語로 사용한다.

18. かえる, もどる : (본래의 곳(위치)으로) 돌아(오)가다. 본래의 위치, 최초의 출발점으로의 이동을 의미한다.

1) かえる
도착이라는 면보다 원래 위치로 출발(되돌아간다)한다는 면에서 중점을 두고 사용한다.

2) もどる
원래 위치로의 이동보다 도착에 중점을 둔다.

19. かくれる, ひそむ : 숨다.

1) 隠れる : 의지적·무의지적인 경우 모두 사용하며, 생물, 무생물에도 사용한다.

2) ひそむ : 의지적인 동작에만 사용하나 추상적인 것에 대해 비유적으로 표현할 때는 무의지적이 된다.

20. かける, はしる : 달리다
의미는 거의 동일하며「かける」가 약간 구어적이라고 할 수 있다.

1) かける
목적지에 도달하는 속도의 빠르기보다 분발하여 "가능한 한 서둘러 가려는" 의미를 갖고 있다.

2) はしる
① 다리, 차 등 주행 수단을 이용하여 공간적인 빠른 이동에 사용된다.
② 속도가 느린 경우와 자신이 주행수단을 보유하지 않은 경우 등에는 사용할 수 없다.

21. かさなる : 겹치다, 중복되다

1) かさなる
물체, 영상, 시간적으로 계속 발생하는 사건 등에 대해 사용하며, 가장 활용 범위가 넓다.
영상이나 사건(특히 동일한 시간에 2가지의 다른 사건이 일어나는 경우에 한해) 에 사용한다.
말하고 있는 결론이 동일하여 듣는 사람으로서는 시간낭비만 했을 경우에 사용한다.

2) 「かさなる」는 일상어,「する」는 문장어「る」는 속어적으로 쓰인다.

22. かよわい, ひよわい, よわよわしい : 허약하다, 가냘프다.

1) よわよわしい
주로 외관, 모습 등에 중점을 두며 사람, 동물 외에「よわよわしいやなき」와 같은 경우에도 사용한다.

2) ひよわい
주로 사람에게만 사용하며 실제로 몸이 약하여 금방 병에 걸릴 것 같은 경우에 사용한다.

3) かよわい
외관, 모습에 중점을 두며 주로「かよわい女性」와 같은 고정된 문구에 사용된다.

23. から, からっぽ, うつろ, がらんどう : 빔, 공(空) 모두, 속이 비어 있다라는 의미로 사용한다.

1) から, からっぽ
건물, 탈것, 그릇 등의 속에 아무것도 없는 것을 의미한다.

2) うつろ
주로 나무속이 썩어 속이 비어있는 경우에 사용한다.

3) がらんどう
상당히 많은 사람이 들어갈 수 있는 것이 비어있는 경우에 사용한다.

4) うつろ는 비유적으로 「うつろな目」 등과 같은 표현도 있다.

24. かれる, しおれる, しぼむ, しなびる : 시들다, 마르다.

1) かれる
식물이 생명을 잃어, 완전히 말라버린 상태의 경우에 사용한다.

2) しおれる
「かれる」의 상태까지는 가지 않은 것으로 물기가 적어져 생기를 잃은 경우에 사용한다.

3) しぼむ
꽃 등이 저녁에 오므라들었다 아침에 피는 경우로 물기·생기 등과는 관계없다.

4) しなびる
① 동물, 식물 등에 널리 사용하며 물기가 없어 오므라들거나 주름이 잡히는 경우 등에 사용한다.
② 때로는 무생물에도 사용한다.

5) 「かれる」는 이외에 「木がかれる」, 「聲がかれる」 등과 같은 용법이 있고 또한 「しおれる」는 「의기소침하다」라는 뜻이 있다.

25. きめる, さだめる, 決定する : 정하다, 결정하다.

1) きめる
公的, 개인적 양쪽에 모두 자유롭고 폭넓게 사용할 수 있다.

2) さだめる
주로 公的으로 결정하는 경우, 즉 국가의 태도, 방침, 정책 등에 사용된다.

3) 決定する
규약 등을 결정하는 公的인 것에 있어서 여러 가지 논란 끝에 최종적인 순간에 정해진 것에 초점이 있는 반면 「さだめる」는 단지 규약을 만들었다는 의미에 불과하다.

26. 急に, にわかに, いきなり, やにわに : 별안간, 갑자기

1) 急に, にわかに
의지적, 무의지적 동작 모두에 사용할 수 있고 "지금 곧(즉시) 당면하여 짧은 시간에"라는 의미로 사용된다.

2) いきなり, やにわに
의지적인 동작에만 한정하여 사용하며 「いきなり」는 약간 침착하지 못한 느낌을 준다.

27. くぎる, しきる : 단락 짓다, 구획하다.

1) くぎる
단순히 대상을 분할하는 경우를 말한다.

2) しきる : 공간적으로 칸막이 등을 만들어 나누는 경우에 사용한다.

28. くらし : 生活 : 생활

1) くらし : 주로 경제생활 수준과 관계하여 말할 때 사용한다.

2) 生活 : 삶 전체에 대해 관계한다.

29. 心がけ, 心がまえ : 마음가짐

1) 心がまえ : 어떤 사건을 예상하여 이에 대한 정신적 준비를 하고 있는 경우에 사용한다.

2) 心がけ : 특정한 사건에 대한 준비라기보다 일반적인 정신 태도를 의미한다.

30. このごろ, 近ごろ, 最近 : 최근 요즘 일정의 상태가 계속된다는 데에 공통점이 있다.

1) このごろ
① 날(日)을 단위로 해서 사용하는 경우가 많다.
② 과거에 일어난 사항에 대해서 사용할 수 없다.

2) 近ごろ
① 月이나 年을 단위로 해서 사용하는 경우가 많다.
② 1회 한정의 순간적 사건에 대해서도 드물게 사용하나 「最近」보다는 적합하지가 않다.

3) 最近
① 시간 단위의 폭이 가장 넓다.
② 1회 한정의 순간적 사건(과거의 한 시점)에 대해서는 가장 적합한 표현으로 사용된다.

31. こむ, たてこむ, ごったがえす : 붐비다.

1) こむ : 전철, 집, 거리 등 일정 공간에 많은 사람이 꽉 차있는 것을 의미한다.

2) たてこむ : 사람이 많이 모여 복잡한 것 외에 건물이 가득 들어선 것이나 일이 바쁜 상태를 나타낸다.

3) ごったがえす : 「こむ」에 가까우나 단지 사람이 모여 있을 뿐만 아니라 어수선하게 움직이고 있는 모양을 말한다.

32. こわれる, くずれる, つぶれる : 무너지다, 개지다, 찌부러지다.

1) こわれる : 형태가 있는 것이 그 고유의 형태를 잃어버리는 경우인데, 책상, 자동차 그릇 등의 도구에 대해 사용하는 경우가 많다.

2) くずれる : 물체보다 물질의 집합이 조직, 질서를 무너뜨릴 때 사용한다.

3) つぶれる : 도구, 물질의 집합 양쪽에 모두 사용하나 어느 정도 평범하게 되는 경우에 사용한다.

33. さけぶ, わめく : 부르짖다, 고함치다.

1) さけぶ

① 意識的 내지는 반사적으로 큰소리를 낼 때 사용하는데 놀람, 감탄, 공포, 기쁨, 낙담 등에 대한 반사적인 작용이다.

② 일정하지 않은 다수의 상대 또는 조금 거리를 두고 있는 상대방에 대해서 격한 감정이나 강한 욕구를 터트릴 때 사용하며, 또한 무엇인가 의견을 세상에 강하게 주장하는 행위에도 사용된다.

2) わめく

① 「さけぶ」는 불짖는 이유와 동기를 가지고 있는데 반해 「わめく」는 동기가 뚜렷하지 않고, 표출하는 말에 내용이 없고, 함부로, 큰 고리로 떠들어대는 뉘앙스가 강할 때 사용된다.

3) なきわめく :「なきさけぶ」와 같이 「なく」는 어느 쪽에나 붙을 수 있다.

1) こわれる : 형태가 있는 것이 그 고유의 형태를 잃어버리는 경우인데, 책상, 자동차 그릇 등의 도구에 대해 사용하는 경우가 많다.

2) くずれる : 물체보다 물질의 집합이 조직, 질서를 무너뜨릴 때 사용한다.

3) つぶれる : 도구, 물질의 집합 양쪽에 모두 사용하나 어느 정도 평범하게 되는 경우에 사용한다.

34. さわる, ふれる : 닿다, 손을 대다 사람과 사물이 접촉하는 경우, 동일하게 사용하며 문법적으로 다음과 같이 두 가지 형태가 있다.

1) 手でものにさわる(ふれる).　2)ものが手にさわる(ふれる).

① ふれる : 대상이 고체, 액체, 기체, 전류, 빛 등과 같은 경우에 사용한다.

- こむ : 전철, 집, 거리 등 일정 공간에 많은 사람이 꽉 차있는 것을 의미한다.
- たてこむ : 사람이 많이 모여 복잡한 것 외에 건물이 가득 들어선 것이나 일이 바쁜 상태를 나타낸다.
- ごったがえす : 「こむ」에 가까우나 단지 사람이 모여 있을 뿐만 아니라 어수선하게 움직이고 있는 모양을 말한다.

② 물건과 물건의 접촉일 때도 사용할 수 있다.

2) さわる

① 대상이 고체, 액체인 경우에만 사용한다.

② 물건과 물건과의 접촉일 때는 단지 물건이 사람의 연장이라고 생각되는 경우에만 사용할 수 있다.

35. しずむ, もぐる : 가라앉다, 잠겨들다.

1) しずむ : 자발적, 의지적인 경우에도 사용하지 않는 것은 아니지만 대체로는 자연스럽게 가라앉을 때에 사용한다.

2) もぐる : 오직 자발적인 경우에만 사용하며 또는 숨기 위해 안(밑)으로 들어가는 경우에 사용한다.

3)「しずむ」는 그 외에「(해·달)지다」「시달리다」「(슬픔에)잠기다」등의 뜻이 있다.

36. にじむ, しみる : 배어들다, 번지다.

1) にじむ :

① 視覺的인 것에만 한정되어 사용한다.

② 속도가 느린 느낌이다. 「しみる」보다 「にじむ」가 사용된다.

③「のため外燈がにじんで見える」와 같이 쓰이기도 한다.

2) しみる : 시각적인 것이든 시각적이 아닌 것이든 사용할 수 있다.

37. じょうぶ, 健康, たっしゃ : 건강함, 튼튼함, 사람과 동물의 몸의 상태를 나타낼 때는 모두 사용한다.

1) じょうぶ
① 계속 근무해도 피로하지 않다든가 날씨가 갑자기 바뀌었는데도 아프지 않다든가 하는 등의, 저항력이 강하다는 의미를 나타날 때 사용한다.
② 물건이 단단하여 부서지지 않을 경우에도 사용한다.

2) 健康 : 아프지 않다는 뜻을 가장 직접적으로 나타낼 때 사용하며 정신 상태의 가치 판단으로서도 사용한다.

3) たっしゃ
①「健康」에 가까우나 어린이에 대해서는 사용하기 어렵다.
② 단지 튼튼하다는 뜻 이외에 「걸음이 빠르다」라는 뜻으로도 사용된다. 「たっしゃ」는 그 외에 「능숙함」이라는 의미로도 사용된다.

38. すばらしい, すてきな : 멋진, 근사한

1) すばらしい : 내용이나 질의 분석적 판단에 의거하여 上等品일 경우에 사용하며, 따라서 돈이 적게 드는 것에 대해서는 사용하지 않는다. 즉 「すばらしい」라고 사용하면 우스꽝스럽다.

2) すてきな : 내용이나 질의 분석적 판단과는 관계없이 외견상 멋지고 마음에 드는 경우에 사용하며, 따라서 돈이 안 드는 작은 물건이라도 외견상 보기 좋으면 된다.

3)「すばらしい洋服だね!」와 「すてきな洋服だね!」
① 前者의 경우 결혼 의상, 이브닝 드레스 등을 연상시킨다. 즉 「すばらしい」는 왠지 쑥스러울 정도의 호화로움이 있다고 할 수 있다.
② 後者의 경우 반드시 값비싸고 호화스러운 것이 아니라도 좋다. 세련되고 센스있는 느낌을 주는 것이라면「すてき」라 할 수 있다.

4)「すばらしい先生」와「すてきな先生」
前者의 경우는 학문이나 교육 기술에 감복했을 때 사용하고 後者의 경우는 용모가 잘생겼다든가 복장 등 외견상의 모습이 멋있는 경우 사용한다.

39. する, なす, やる : 하다 「하다」의 중심적인 의미로서는 동일하다.

1) する : 변화시키는 의미와 자동사로서의 用法이 있다.

2) なす : 변화시키는 의미와 그 외에「作る, 形作る」의 뜻이 있다.

3) やる :「 える」의 뜻이 있고, 관용구적으로 사용하기도 한다.

40. 相談, 打合せ : 협의 둘 다 앞으로의 계획, 방침을 세우기 위한 행동이다.

1) 相談 :
① 사용범위가 넓어「打合せ」와 동일한 상황의 경우도 좋고 제3자의 의견을 들을 경우에도 사용한다.
② 구체적 내용도 좋으나 좀 더 대략적으로 5년 후, 10년 후 등의 내용에 대한 협의, 또는 여행을 갈까 말까 하는 단계에서도 사용한다.

2) 打合せ : 무언가를 하는 당사자들만 모여 구체적 내용을 결정할 때에 사용한다. 그러므로 의견 조정의 뉘앙스가 있다.

41. そば, ちかく, わき, かたわら, ほとり : 근처, 옆, 곁

1) そば : 거리의 차이가 적다는 점은「ちかく」와 같으나「ちかく」보다 좀 더 가까우며 기준이 되는 쪽을 중심으로 말하고, 전후 좌우의 경우가 많다.

2) ちかく : 사물이 있는 위치, 시간, 가치 등의 기준에서 그다지 멀어져 있지 않을 때에 사용한다.
① 거리의 간격(명사적으로 쓰여서)
② 시간의 간격(부사적으로 쓰여서)
③ 수량의 차이(접미어적으로 쓰여서)

3) わき :
① 주체가 되는 것 (立體的인 것)의 좌·우측을 가리킨다.
②「そば」 보다 더욱 가까이 붙어 있어 사이에 다른 것이 없을 경우에 사용한다.

4) かたわら : 주체가 되는 것의 좌우에 있는 경우이며「わき」,「そば」와 거의 동일하다.

5) ほとり : 時語에 가까운 품위있는 말이고, 강, 바다, 호수 등의 물 옆에 한해서만 사용한다.

42. たえる, こらえる, しのぶ, がまんする : 참다, 견디다 사람에 대해서는 모두 사용할 수 있다.

1) たえる: 물건에 대해서나 또는 고통스러운 일을 참을 때에 사용한다.

2) こらえる : 자연히 그렇게 되는 듯한 생리적 현상을 억제할 경우에 사용한다.

3) しのぶ : 배가 고픔, 아픔, 부자유, 가난 등 내적인 것에 대해 주로 사용한다.

4) がまんする :「たえる」와 같이 고통스러운 일을 참을 때 사용한다.

43. たす, くわえる, つけくわえる, 追加する : 더하다, 추가하다. 모두「AにBを~」의 꼴로 사용할 수 있고 같은 물질에 같은 것을 더할 경우에도 사용할 수 있다.

1) たす : 부족한 부분을 메우기 위해 물질을 부족부분 많큼 충당시키는 것으로 「AにBをたす」와 같이 사용한다. 여기서 A와 C는 同類가 되며 한 방울도 없는 스토브 탱크에 석유를 새롭게 넣는 것은「たす」가 아니고「いれる」이다.

2) くわえる :
① 하나의 물질에 다른 물질이 새롭게 더해지는 것으로 「たす」와 같은 補充意識이 아니고 追加의식, 合算의식이다.
② 한 물질에 다른 이질적인 것을 더할 때에는 「くわえる」만 사용한다.
③ 인간을 대상으로 표현하는 경우에도 사용한다.

3) 追加する :「くわえる」와 같이 인간을 대상으로 표현하는 경우에도 사용할 수 있다.

44. だます, ごまかす : 속이다.

1) だます : 사람을 속일 때에만 사용하며 어떤 내용(사항)을 속일 때는 사용할 수 없다.

2) ごまかす : 사람을 속일 때에도 사용하며 또 어떤 내용(사항)을 속일 경우에도 사용할 수 있다. 그 외의 だます는 달래다의 뜻이 ごまかす는 얼버무리다의 뜻이 있다.

45. ちがう, ことなる, 相違する : 다르다. 모두 어느 특정 대상을 비교하여 다른 경우에 사용한다.

1) ちがう : 어떤 기준이 되는 것과 맞지 않을 때, 그리고 그 기준을 어디에 두는가에 따라「ちがう」의 내용이 나뉘어 진다.
① AとBはちがう
② AはBとちがう
③ Aがちがう

2) ことなる :「ちがう」의①, ②의 비교만을 나타내고 ③의「正しくない」의 뜻은 없다. 相違する : 「ことなる」와 거의 동일하며 관용적인「案に~て」와 같은 것에는「相違する」밖에 사용할 수 없다.

3)「ちがう」는 틀리다 의 뜻이 있으며 또한 부정적인 의식이 속에 내재해 있으나 「ことなる」는 단순한 비교의식이다.

46. ちかつく, ちかよる, せまる : 접근하다, 가까이 가다, 다가오다.

1) ちかつく
① 공간적인 접근일 때는「ちかよる」와 같이 사용하는 데 거리가 많이 떨어져 있을 때는 ちかつく쪽이 더 적합하다.
② 시간적 접근을 나타낼 때「せめる」와 같이 사용한다.
③ 상호 간격이 접근하는 것을 객관적으로 표현한다.

2) ちかよる

① 공간적인 접근일 때는「ちかつく」와 같이 사용하며 거리가 멀리 떨어져 있지 않을 때 사용한다.

② 한 쪽이 다른 한쪽에 능동적으로 접근하는 것을 의미한다.

3) せめる :

①「ちきつく」와 같이 시간적 접근을 나타내지만「せめる」는 긴장한 상태로 시간이 다가올 때 사용한다.

② 어떤 압력이 가해져 온다는 의미도 있다.

47. 力いっぱい, 精いっぱい : 힘껏 정신적인 노력을 하는 경우에도 모두 사용할 수 있다.

1) ちからいっぱい

① 육체적인 힘을 나타내는 데는「ちからいっぱい」만 사용한다.

② 술어로는 사용할 수 없다.

2) 精いっぱい

①「力いっぱい」보다는 자신의 精力을 있는 한 모두 사용한다는 뉘앙스를 동반한다.

② 그 외에 어느 분량의 한계까지 물건 따위를 운반하는 경우에 사용하는 것으로「力いっぱい」는 사용할 수 없다.

③ 술어로는 사용할 수 없다.

48. ちり, ごみ, くず, ほこり, かす : 미세한 입자

1) ちり : 대기 중의 미세한 입자를 말한다.

2) ごみ : 빗자루로 쓸어 모아 버리는 것. 그리고 요리 찌꺼기를 의미한다.

3) くず : 종이 조각, 천 조각, 대패밥, 요리 찌꺼기를 의미한다.

4) ほこり : 책상 위나 선반 위에 쌓인 입자를 의미한다.

5) かす : 수분 등을 짠 나머지, 그리고 액체 밑바닥에 쌓인 불순물을 말한다.

49. つまれる, くたびれる : 지치다.

1) つかれる : 극도의, 또는 장시간의 노동이나 긴장의 결과 체력을 소모하여 근육이나 육체가 나른해 진다든가 기분이 저하되어 몸이나 머리를 움직일 기분을 상실한 상태에 있는 경우에 사용된다.

2) くたびれる : 육체적인 피로에 사용하는 경우가 많으며 まちくたびれる와 같이 정신적인 권태감에도 사용한다.

50. つく, とどく, 到着する : 도착하다, 닿다.

1) つ く : 사람, '타는 것, 짐 등 여러 곳에 사용된다.

2) とどく : 짐, 편지 등에 사용되며 단, 사람이 파견되는 경우 사람에게도 사용할 수 있다.

3) 到着する :
① 사람, 짐 등에 사용된다.
② 뻗어나가는 의미에 대해서는「到着する」를 사용할 수 없다.

4) 그 외에 「つく」는 「앉다」의 뜻이, 「とどく」는 「(소원 따위가)」이루어지다」의 뜻이 있다.

51. つくる, こしらえる : 만들다 구체적인 사물, 물건이나 추상적인 것에는 거의 같이 사용한다.

1) つくる: 손을 대어 이쪽이 의도하는 대상을 만들어 가는 의식인 행위로, 새롭게 생산하는 것이 아니라 일종의 變形作業이며 인간에게는 사용할 수 없다.

2) こしらえる
① 겉표면을 정돈하여 보기 좋게 하는 것이므로「의지적으로 연구하여 만든다」라는 의미가 된다.

② 무의지적인 현상, 즉 자연 발생적인 현상이나 상태변화, 자연이 만들어 내는 사물(농작물 등)은「こしらえる」로 표현할 수 없고「つくる」로 표현해야 한다.

52. てれる, はにかむ : 수줍어(부끄러워) 하다, 거북해 하다.

1) てれる :「はにかむ」 보다 陽性으로, 부끄러워하는 기분이 행동에 적극적으로 표시되는 경우 사용된다.

2) はにかむ :「てれる」에 비해 陰性이며 부끄러워하는 행동에 조심성이 많을 때 사용된다.

3) 예를 들면, 많은 사람들 앞에서 이야기하지 않으면 안 될 때에 머뭇머뭇하고 고개를 숙이며 좀처럼 입을 열지 않는 것은 「はにかむ」이며, 같은 상황에서「よわいんで....」라든가, 무엇인가 말을 하고 땀을 닦거나 또는 머리를 긁적거리기도 하고 혀를 내밀기도 하는 것은「てれる」이다.

53.どうぞ, どうか, なにとぞ : 부디, 아무쪼록, 제발

1) どうぞ
① 2인칭의 상대에게 어떤 행위를 요구하는 말인데 그 대상이 神인 경우도 있지만 대개는 사람으로서 정중히 요청하는 경우에 사용된다.
② 허락, 권유, 부탁 등에 사용된다.

2) どうか
① 상용하는 대상은 他人인데 특정 인물이 아니며, 상대를 의식하지 않고 사용되는 경우가 있다.
② 자신을 위해 어떤 유리한 상황이 실현되는 것을 희망하는 말이며 2인칭의 상대에 대해 사용하면「どうぞ」와 의미가 같다.

3) なにとぞ : 지극히 정중한 표현으로서 예의 바른 인사말에 첨가되어 희망을 나타내는 경우에 사용된다.

4) 그 외에 「どうか」는「어떻게든」의 뜻과「どうかする」「とうかなる」의 꼴로「좀 이상하다」의 뜻이 있다.

54. どう, どんなに, どのように, いかに : 어떻게, 아무리

1) どう: 「어떠한 방법으로」라는 수단의 의미와 假定의 뜻을 나타낸다. どんなに: 「程度」를 나타낼 때 사용한다.

2)「どう考えてみても...」와「どんなに考えてみても...」 前者는 「어떠한 방법으로 생각해 보아도 ...」의 뜻이 되며, 後者는「어느 정도 생각해 보아도 ...」의 뜻이 된다.

3) どのように, いかに :「どう」의 뜻으로도 「どんなに」의 뜻으로도 모두 사용할 수 있다.

55. とぐ, みがく : 닦다, 갈다.

1) とぐ

① 刀物(날붙이)를 날카롭게 하는 것이다.「刀を とぐ」칼이 잘 들도록 한다는 의미

② 날붙이 외에는 사용하지 않으며, 단「米を とぐ」와 같이「씻다」의 의미로서 사용할 수 있다.

③「鏡をとぐ」라는 표현이 있는데 이것은 근세기 말까지 사용되었던 오래된 금속제 거울이 경우이고 일반적인「 」에는「みがく」를 사용한다.

2) みがく

① 윤이 잘 나도록 하는 경우에 사용한다.「刀をみがく」 - 칼이 잘 빛나도록 한다는 의미

② 날붙이 외에는 모두 사용하며, 추상적인 뜻으로「연마하다」의 의미로 사용한다. 시험에 모두 합격하길 빌면서

56. どける, のける : 치우다, 제거하다.

1) どける

① 주로 물건을 공간적으로 움직이는 경우에 사용된다.

② 논리적으로 어느 범주내에 넣지 않을 경우에도 사용할 수 있지만 속어적인 표현이다.

2) のける
① 논리적으로 어느 범주 내에 넣지 않을 경우에 주로 사용된다.
② 구체적인 이동에 「のける」를 사용하는 경우도 있지만 그것은「どける」에 비해 품위 있고 상냥한 느낌을 준다.

3)「はらいのける」,「とりのける」등의 복합어에는「どける」를 사용할 수 없다.

57. とっくに, とうから, つとに : 벌써, 훨씬 전에, 일찍

1) とっくに : 과거 어느 시점에 일어난 사건에 대해 사용한다.

2) とうから : 「とっくに」에 대립하여 과거의 어느 시점부터 현재까지 계속되고 있는 경우에 사용된다.

3) つとに : 「とっくに」,「とうから」와 같은 의미이지만, 문어적 표현이어서 일상생활에는 그다지 사용되지 않는다.

4) 그 외에도 「つとに」는 「아침 일찍」,「젊은 때부터」의 뜻이 있다.

58. 留(ま)る, とどまる : 머물다, 멎다.

1) とまる : 움직이는 것이 움직이지 않게 되는 것으로서 활동 일반에 대해 사용한다.

2) とどまる : 이동이나 변화를 않고 머물러있는 상태를 나타낸다.

3) 예를 들면, 「世界一週の途中, かれはドイツにとまって(とどまって)いた」에서는 移動을 시작한 후 그것이 경우이므로 어느 쪽도 사용할 수 있으나 「金さんは外國旅行にいきたいといいながらまだ韓國なとどまっていい」에서는 처음부터 한국에 있었기 때문에 「とまっている」로는 사용할 수 없다.

59. なおす, あらためる : 고치다, 개선하다.

1) なおす :
① 부서진 물건을 본래 대로 할 경우에 사용한다.
② 추상적인 것에 대해서도 사용하는데 이것은 틀린 것을 바른 상태로 하는 경우이다.

2) あらためる : 추상적인 것에만 사용하는데, 이것은 틀려있지 않아도 質的으로 다른 즉, 새로운 것으로 바꾸는 경우에 사용한다.

60. なくす, うしなう : 잃다, 분실하다 無意志的인 경우에 둘 다 사용된다.

1) なくす
① 意志的인 경우 - 본인에게 있어서 그 존재가 바람직하지 않다고 인식되는 경우이며 주로 추상적인 대상에 대해 많이 쓰인다.
② 無意志的인 경우 - 타인이나 자연의 힘에 의해서 자신의 의지와는 관계없이 소멸 또는 박탈당하는 것으로 "어쩔 수 없다"라는 무저항의 자세일 경우를 의미한다.

61. なめる, しゃぶる: 핥다.

1) なめる : 혀끝으로 쓰다듬거나 어루만진다거나 비비는 것이며 또는 그와 같이 맛을 볼 경우에 사용하는데 대상이 입속에 있거나, 입 밖에 있어도 상관없다.

2) しゃぶる : 일반적으로 딱딱하고 단단한 것, 얼음사탕, 뼈, 엿 등과 같이 입속에 있어도 쉽게 없어지지 않을 경우에만 사용된다.

62. 似合う, ふさわしい : 어울리다, 잘 맞다.

1) にあう : 단순히 객관적으로 外面的 調和가 이루어졌을 때에 사용한다.

2) ふさわしい : 價値的, 質的으로 적합한 상태를 나타내므로 價値評價에 중점을 둔다.

3) 「似合う洋服」와 「ふさわしい服裝」 前者는 입는 사람의 외모에 잘 어울린다는 의미이고 後者는 입는 외모뿐만 아니라 사회적, 경제적 지위에 비추어 보아도 옷이 잘 어울린다는 의미이다.

63. ねこむ, ねいる, ねつく : 잠들다.

1) ねこむ : 깊은 잠 속에 빠져 있을 때에 사용한다.

2) ねつく : 막 잠이 든 경우에 사용하는 데 어린이에게 사용하는 경우가 많다.

3) ねいる : 「ねこる」 「ねつく」 양쪽에 사용할 수 있다.

64. のりあわせる, 同乘する : 함께 타다, 동승하다.

1) のりまわせる : 우연히 함께 탄 경우에만 사용하므로 약속해둔 친구와 함께 타는 경우에는 사용할 수 있다.

2) 同乘する : 가장 평범한 말로 표현하면 「いらしょにのる」라는 의미로서 의도적이든 우연이든 상관없이 사용된다.

65. はぐ, むく : 벗기다.

1) はぐ : 벽에 붙어 있는 종이나, 입고 있는 옷 또는 몸의 부분에 대해 사용하며 붙어 있는 것을 분리한다는 것에 중점이 있다.

2) むく : 과일 껍질, 계란 등 내용물의 껍질을 벗길 때 사용한다.

66. はじめる, とりかかる, 着手する : 시작하다, 착수하다.

1) はじまる : 일, 놀이, 무의식적인 동작, 무생물 등에 사용한다.

2) とりかかる : 인간의 의식적인 동작 중 「일」에 대해서만 한정하여 사용한다.

3) 着手する :「とりかかる」와 같이「일」에 대해서만 한정하여 사용하는데 특히, 큰일에 대해서만 사용한다.

67. はずかしい, てれくさい, きまりわるい : 멋쩍다, 창피하다, 수줍다.

1) はずかしい

① 자기 또는 자기 측의 사람이 성적, 능력, 기술 등에서 열등감을 인식한 경우, 또는 그 결과 무엇인가 칠칠치 못한 상황을 일으킨 경우에 사용한다.

② 죄악, 반도덕적 행위의 결과 사회나 타인에 대한 죄의식의 경우에 사용한다.

③ 다른 사람에게 알려진 상황에서 실태나, 실수를 저질렀을 때와 다른 사람이 아직 알리지 못하는 자기 자신의 개인적인 행위 등을 남에게 알리거나 남이 알았을 때 사용한다.

④ 자기 자신의 문제 및 심정, 작품, 그리고 다른 사람에게 칭찬받을 만한 사항을 남에게 알릴 때 또는 남이 알았을 때의 기분을 나타낸다.

⑤ 단순히 다른 사람의 앞에서 무엇인가 순진한 행위를 하는 경우에 사용한다.

2) てれくさい : 사람의 앞에서 무엇인가 행위를 할 때 내용의 善惡과 관계없이 단지 다른 사람으로부터 주목받는다는 그 자체에서 오는 감정이며「はずかしい」의 ④, ⑤번과 동일하게 사용된다.

3) きまりわるい :

① 다른 사람으로부터 주목받은 것 자체에서만 느끼는 부끄러움, 수줍음이 아니라 자신의 실패 또는 꺼림칙한 부분이 남에게 보일 때 느껴지는 저항감과 같은 감정이다.

② 따라서 굴욕감과 열등감, 다른 사람에 대한 두려움을 동반하게 되며「はずかしい」의 어미와 중복되는 경우가 많으나「はずかしい」의 ②의 경우로는 쓸 수 없고 경우가 많으나「はずかしい」의 ②의 경우로는 쓸 수 없고 ①의 경우로 사용하면 타인을 의식하여 타인에 대한 열등, 굴욕 의식이 강함을 나타내고 ④로 바꿔 쓰면 우스꽝스럽다.

68. ひっくりがえす, くつがえす : 뒤집다, 뒤엎다.

1) ひくがえす : 주로 구체적인 동작에 많이 사용하는데 추상적인 경우에 사용하며 속어적인 표현이 된다.

2) くつがえす :
① 주로 추상적인 것에 대해서 사용한다.
② 구체적인 동작에는 거의 사용되지 않으나 단,「てのひらをくつがえしたように」와 같은 관용적인 표현에는 사용할 수 있다.

69. ひろがる, ひろまる : 넓어지다, 확대되다.

1) ひろがる : 대상이 구체적, 고간적, 추상적, 사회적인 경우 등 광범위하다.

2) ひろまる : 대상의 추상적・사회적인 경우에만 사용한다.

70. ます, ふやす, ふえる :늘리다, 늘다.

1) 自動詞로서「ます」,「ふえる」 ます : 수량과 정도에 대해 사용한다. ふえる : 수량에 대해서만 사용한다.

2) 他動詞로서「ます」와「ふやす」
ます : 수량과 정도에 사용한다. ふやす : 수량에 대해서만 사용한다.

71. まったく, すっきり : 완전히 상태의 변화를 나타낼 때는 둘 다 사용할 수 있다.

1) まったく : 상태 변화 중 단순히 상태를 나타낼 때만 사용한다.

2) すっかり : 변화와 관계없이 어떤 동작이 끝까지 행하여 진 것을 나타낼 경우에만 사용된다.

3) 그 외에「まったく」,「전혀」,「정말로」등의 뜻이,「すっかり」는「모두, 전부 다」의 뜻이 있다.

72. まぶしい, まばゆい : 눈부시다.

1) まぶしい : 대상의 성질과 주체의 감각, 양쪽에 모두 사용한다.

2) まばゆい : 오직 대상의 성질에서만 사용하는데「まぶしい」에 비해 감각성이 부족하며 약간 관념적, 수식적인 경우이다.

73. 無意識に, ぼんやり(して), うっかり, つい, おもわず : 자신도 모르게, 무의식 중에

1) 無意識に : 본능적, 습관적으로 의도하지 않은 행위를 할 때 사용한다.

2) ぼんやり : 사고력이 분산된 무관심 상태에서 의도하지 않은 행위를 할 때 사용한다.

3) うっかり : (主意를 要하는 事物에 대해) 注意力 부족으로 의도하지 않은 행위가 일어날 때 사용한다.

4) つい : 경계, 억제력 부족으로 인해 의도하지 않은 행위를 할 때 사용한다.

5) 思わず : 예상하지 못한 사태에 직면하여 思慮 부족으로 의도 않은 행위를 할 때 상용한다.

74. やぶる, さく : 찢다 종이, 천 등에 대해서 둘 다 사용할 수 있다.

1) さく
① 결에 따라 두 개 또는 그 이상의 것으로 나누는 것인데 절단면은 직선에 가깝고 주로 얇은 것에 대하여 사용한다.
② 고기를 찢는 경우에 사용한다.

2) やぶる
①「さく」와 같은 제한이 없이 아무렇게 또는 많이 찢어도 상관없으며 어느 정도 두꺼운 것에 대해서도 사용할 수 있다.
② '약속'에 표현은「やぶる」만 사용할 수 있다.

일본어 쓰기 연습 編

NIPPON

日本

NIHON

1. 히라가나

あ	あ	あ	あ	あ	あ	あ	あ
아(a)							

い	い	い	い	い	い	い	い
이(i)							

う	う	う	う	う	う	う	う
우(u)							

え	え	え	え	え	え	え	え
에(e)							

お	お	お	お	お	お	お	お
오(o)							

か 카(ka)	か	か	か	か	か	か	か	か

き 키(ki)	き	き	き	き	き	き	き	き

く 쿠(ku)	く	く	く	く	く	く	く	く

け 케(ke)	け	け	け	け	け	け	け	け

こ 코(ko)	こ	こ	こ	こ	こ	こ	こ	こ

さ 사(sa)	さ	さ	さ	さ	さ	さ	さ	さ
し 시(si)	し	し	し	し	し	し	し	し
す 스(su)	す	す	す	す	す	す	す	す
せ 세(se)	せ	せ	せ	せ	せ	せ	せ	せ
そ 소(so)	そ	そ	そ	そ	そ	そ	そ	そ

た	た	た	た	た	た	た	た	た
타(ta)								

ち	ち	ち	ち	ち	ち	ち	ち	ち
찌(ti)								

つ	つ	つ	つ	つ	つ	つ	つ	つ
쯔(tu)								

て	て	て	て	て	て	て	て	て
테(te)								

と	と	と	と	と	と	と	と	と
토(to)								

な	な	な	な	な	な	な	な	な
나(na)								

に	に	に	に	に	に	に	に	に
니(ni)								

ぬ	ぬ	ぬ	ぬ	ぬ	ぬ	ぬ	ぬ	ぬ
누(nu)								

ね	ね	ね	ね	ね	ね	ね	ね	ね
네(ne)								

の	の	の	の	の	の	の	の	の
노(no)								

は 하(ha)	は	は	は	は	は	は	は	は

ひ 히(hi)	ひ	ひ	ひ	ひ	ひ	ひ	ひ	ひ

ふ 후(hu)	ふ	ふ	ふ	ふ	ふ	ふ	ふ	ふ

へ 헤(he)	へ	へ	へ	へ	へ	へ	へ	へ

ほ 호(ho)	ほ	ほ	ほ	ほ	ほ	ほ	ほ	ほ

ま 마(ma)	ま	ま	ま	ま	ま	ま	ま	ま

み 미(mi)	み	み	み	み	み	み	み	み

む 무(mu)	む	む	む	む	む	む	む	む

め 메(me)	め	め	め	め	め	め	め	め

も 모(mo)	も	も	も	も	も	も	も	も

や 야(ya)	や	や	や	や	や	や	や	や

ゆ 유(yu)	ゆ	ゆ	ゆ	ゆ	ゆ	ゆ	ゆ	ゆ

よ 요(yo)	よ	よ	よ	よ	よ	よ	よ	よ

ら	ら	ら	ら	ら	ら	ら	ら	ら
라(ra)								

り	り	り	り	り	り	り	り	り
리(ri)								

る	る	る	る	る	る	る	る	る
루(ru)								

れ	れ	れ	れ	れ	れ	れ	れ	れ
레(re)								

ろ	ろ	ろ	ろ	ろ	ろ	ろ	ろ	ろ
로(ro)								

わ 와(wa)	わ	わ	わ	わ	わ	わ	わ	わ

を 오(wo)	を	を	を	を	を	を	を	を

ん 으(n)	ん	ん	ん	ん	ん	ん	ん	ん

2. 가타카나

ア 아(a)	ア	ア	ア	ア	ア	ア	ア	ア	ア
イ 이(i)	イ	イ	イ	イ	イ	イ	イ	イ	イ
ウ 우(u)	ウ	ウ	ウ	ウ	ウ	ウ	ウ	ウ	ウ
エ 에(e)	エ	エ	エ	エ	エ	エ	エ	エ	エ
オ 오(o)	オ	オ	オ	オ	オ	オ	オ	オ	オ

か カ(ka)	か	か	か	か	か	か	か	か	か
キ 키(ki)	キ	キ	キ	キ	キ	キ	キ	キ	キ
ク 쿠(ku)	ク	ク	ク	ク	ク	ク	ク	ク	ク
ケ 케(ke)	ケ	ケ	ケ	ケ	ケ	ケ	ケ	ケ	ケ
コ 코(ko)	コ	コ	コ	コ	コ	コ	コ	コ	コ

글자									
サ 사(sa)	サ	サ	サ	サ	サ	サ	サ	サ	サ
シ 시(si)	シ	シ	シ	シ	シ	シ	シ	シ	シ
ス 스(su)	ス	ス	ス	ス	ス	ス	ス	ス	ス
セ 세(se)	セ	セ	セ	セ	セ	セ	セ	セ	セ
ソ 소(so)	ソ	ソ	ソ	ソ	ソ	ソ	ソ	ソ	ソ

タ	タ	タ	タ	タ	タ	タ	タ	タ	タ
타(ta)									

チ	チ	チ	チ	チ	チ	チ	チ	チ	チ
치(ti)									

ツ	ツ	ツ	ツ	ツ	ツ	ツ	ツ	ツ	ツ
츠(tu)									

テ	テ	テ	テ	テ	テ	テ	テ	テ	テ
테(te)									

ト	ト	ト	ト	ト	ト	ト	ト	ト	ト
토(to)									

ナ	ナ	ナ	ナ	ナ	ナ	ナ	ナ	ナ	ナ
나(na)									

ニ	ニ	ニ	ニ	ニ	ニ	ニ	ニ	ニ	ニ
니(ni)									

ヌ	ヌ	ヌ	ヌ	ヌ	ヌ	ヌ	ヌ	ヌ	ヌ
누(nu)									

ネ	ネ	ネ	ネ	ネ	ネ	ネ	ネ	ネ	ネ
네(ne)									

ノ	ノ	ノ	ノ	ノ	ノ	ノ	ノ	ノ	ノ
노(no)									

ハ	ハ	ハ	ハ	ハ	ハ	ハ	ハ	ハ	ハ
하(ha)									

ヒ	ヒ	ヒ	ヒ	ヒ	ヒ	ヒ	ヒ	ヒ	ヒ
히(hi)									

フ	フ	フ	フ	フ	フ	フ	フ	フ	フ
후(hu)									

ヘ	ヘ	ヘ	ヘ	ヘ	ヘ	ヘ	ヘ	ヘ	ヘ
헤(he)									

ホ	ホ	ホ	ホ	ホ	ホ	ホ	ホ	ホ	ホ
호(ho)									

マ	マ	マ	マ	マ	マ	マ	マ	マ	マ
마(ma)									

ミ	ミ	ミ	ミ	ミ	ミ	ミ	ミ	ミ	ミ
미(mi)									

ム	ム	ム	ム	ム	ム	ム	ム	ム	ム
무(mu)									

メ	メ	メ	メ	メ	メ	メ	メ	メ	メ
메(me)									

モ	モ	モ	モ	モ	モ	モ	モ	モ	モ
모(mo)									

ヤ 야(ya)	ヤ	ヤ	ヤ	ヤ	ヤ	ヤ	ヤ	ヤ	ヤ

ユ 유(yu)	ユ	ユ	ユ	ユ	ユ	ユ	ユ	ユ	ユ

ヨ 요(yo)	ヨ	ヨ	ヨ	ヨ	ヨ	ヨ	ヨ	ヨ	ヨ

ラ 라(ra)	ラ	ラ	ラ	ラ	ラ	ラ	ラ	ラ	ラ

リ 리(ri)	リ	リ	リ	リ	リ	リ	リ	リ	リ

ル 루(ru)	ル	ル	ル	ル	ル	ル	ル	ル	ル

レ 레(re)	レ	レ	レ	レ	レ	レ	レ	レ	レ

ロ 로(ro)	ロ	ロ	ロ	ロ	ロ	ロ	ロ	ロ	ロ

ワ 와(wa)	ワ	ワ	ワ	ワ	ワ	ワ	ワ	ワ	ワ
ヲ 오(wo)	ヲ	ヲ	ヲ	ヲ	ヲ	ヲ	ヲ	ヲ	ヲ
ン 응(n)	ン	ン	ン	ン	ン	ン	ン	ン	ン

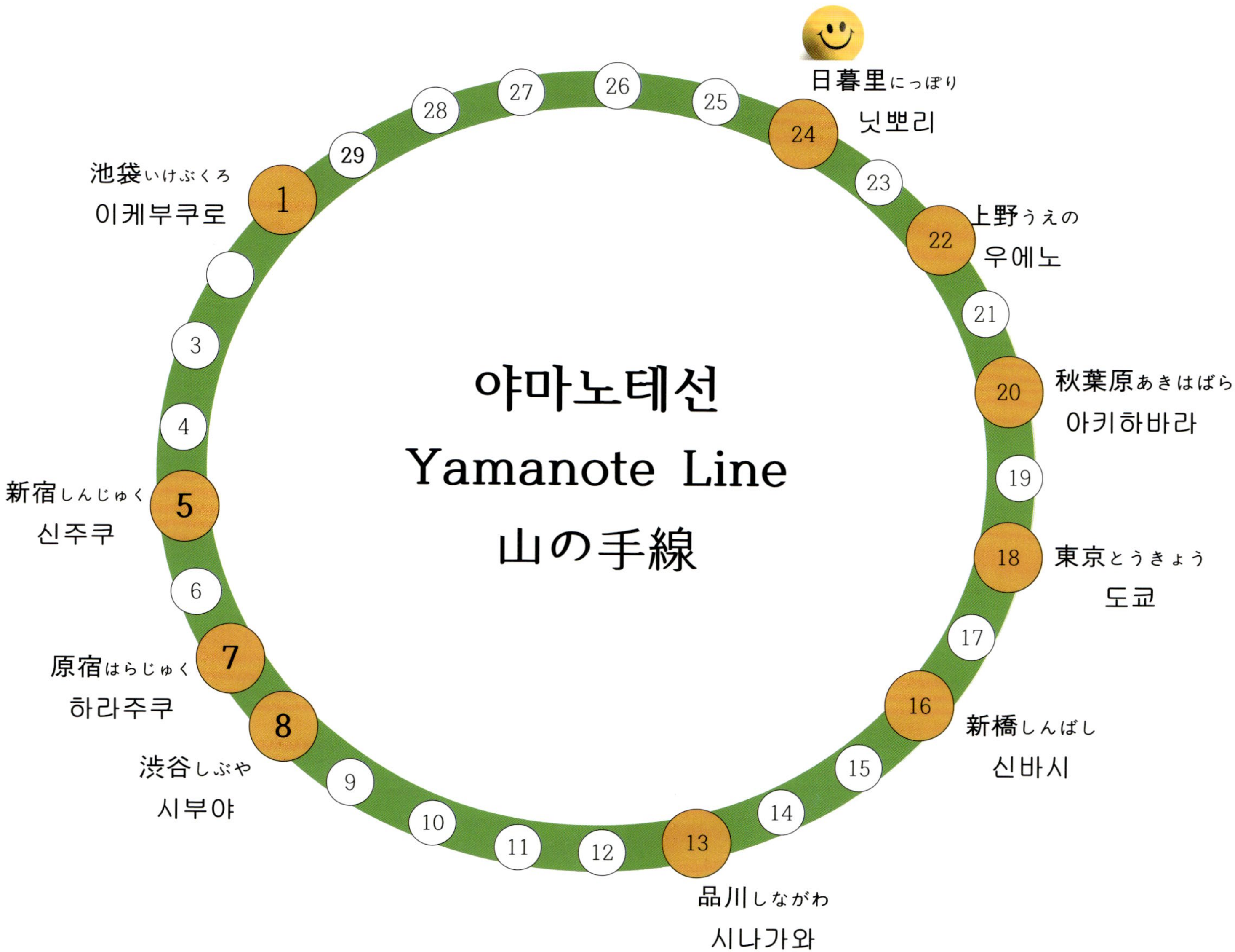
야마노테선
Yamanote Line
山の手線
池袋いけぶくろ
이케부쿠로
新宿しんじゅく
신주쿠
原宿はらじゅく
하라주쿠
渋谷しぶや
시부야
品川しながわ
시나가와
新橋しんばし
신바시
東京とうきょう
도쿄
秋葉原あきはばら
아키하바라
上野うえの
우에노
日暮里にっぽり
닛뽀리
1
3
4
5
6
7
8
9
10
11
12
13
14
15
16
17
18
19
20
21
22
23
24
25
26
27
28
29

에듀컨텐츠·휴피아
Educontents·Huepia

테마 일본어 編

일본의 문화를 알면
일본어가 보인다.

NIPPON
日本
NIHON

에듀컨텐츠·휴피아
Educontents·Huepia

Theme 1. 문화생활

芸術(げいじゅつ) 예술

現代(げんだい)アート 현대 미술

展覧会(てんらんかい) 전람회

邦画(ほうが) 방화

芝居(しばい) 연극

ミュージカル 뮤지컬

オペラ 오페라

エントテイモントゥ : 엔터테인먼트

鑑賞(かんしょう)する 감상하다

観覧(かんらん)する 관람하다

テーマ 테마

ジャンル 장르

名画(めいが) 명화

特殊撮影(とくしゅさつえい) 특수촬영

著作権(ちょさくけん) 저작권

画家(がか) 화가

Theme 2. 주택건축

軒 (のき) : 처마

分譲戸建住宅(ぶんじょうこだてじゅうたく) 분양단독주택

注文住宅(ちゅうもんじゅうたく) 주문주택

長屋(ながや) (여러 세대가 살 수 있도록)

(1층으로 길게 늘어선 집)

舎宅(しゃたく) 사택

ショッピングモール 쇼핑몰

建設労働者(けんせつろうどうしゃ) 건설노동자

[속어인 '노가다'란 뜻의 土方(どかた)는 방송 금지어]

複合施設(ふくごうしせつ) 복합시설, 복합공간

[롯폰기힐즈나 미드타운 같은 건물]

● 外人(がいじん)(외인)과 外国人(がいこくじん)(외국인)

外人(がいじん)은 일본인 자신들이 사는 세계가 아닌 잘 모르는 낯선 세계에서 온 사람을 뜻하는 말로, 안 좋은 의미로의 '외국인'을 뜻한다. 따라서 外人(がいじん)이라는 말은 배타적 표현으로 생각되어 문서 등, 공식적인 곳에서는 外国人(がいこくじん)이라는 말을 더 권장하고 있다. 실제로 일본인들끼리의 회화에서는 外人(がいじん)이라는 말을 자주 쓴다. 특히 '서양인'을 外人(がいじん)이라고 부르는 경향이 있었지만 최근에는 중국인, 동남아시아인, 일본계 브라질인을 뜻하는 경우도 많다.

● ヒルズ族(ぞく) 힐즈족

롯폰기힐즈에서 살고 있는 부유한 사람들을 가리키는 말이다. 롯폰기힐즈에 있는 고급 맨션은 한 달 월세가 수 천만 원에 달하기 때문에, 어지간한 부자가 아니면 그곳에서 살 수가 없다. 대부분 유명 벤처사업가나 연예인들이 살고 있고, 사생활을 보호한다는 차원에서 내부 공개가 엄격히 금지되어 있다. 이렇게 비싼 곳에 사람들이 몰리는 이유는 롯폰기힐즈 자체가 하나의 브랜드를 형성하고 있기 때문에 롯폰기힐즈에 산다는 것만으로도 성공을 상징하기도 한다. 일본 내에서도 거주 지역에 따라 사람들의 수준을 파악하는 경향이 있다.

● 展望台(てんぼうだい) 전망대

도쿄를 관람할 전망대 하면 원래 가장 유명한 곳은 신주쿠에 있는 도쿄도청사였다. 하지만, 전망대가 남쪽과 북쪽으로 나뉘어져 있기 때문에 롯폰기힐즈의 '도쿄 시티뷰'처럼 360도를 돌아가면서 볼 수는 없다. 그러나 '도청사 전망대'로 사람들이 몰리는 이유는 '도쿄 시티뷰'와 달리 무료기 때문이다. 시티투어나 패키지여행을 할 때 도청사 전망대로 버스들이 향하는 이유도 이런 연유에서이다.

Theme 1. 술집의 종류

飲み屋(のみや) 술집

居酒屋(いざかや) 대폿집

酒屋(さかや) 주류백화점

ビヤホール 비어 홀, 호프집

Theme 2. 술의 종류

ビール 맥주

Tip 缶(かん)ビール 캔맥주

瓶(びん)ビール 병맥주

生(なま)ビール 생맥주

ワイン 와인, 포도주

Tip 赤(あか)ワイン 레드와인, 적포도주

白(しろ)ワイン 화이트와인, 백포도주

ウイスキー 위스키

焼酎(しょうちゅう) 소주

清酒(せいしゅ) 청주

酎(ちゅう)ハイ 탄산주

レモンハイ 레몬소주

カクテル 칵테일

シャンペン 샴페인

Theme 3. 술을 마실 때

お通(とお)し 야채절임

[일종의 자릿세 명목의 메뉴]

おつまみ 안주

一気飲(いっきの)み 원샷

乾杯(かんぱい) 건배

おちょこ 술잔

[소추, 청주 등을 마실 때 쓴다]

グラス 글라스, 맥주잔

[주로 병맥주를 마실 때 쓴다]

ジョッキ 조키, 생맥주잔

● OL 직장 여성

이 말은 Office Lady의 앞글자를 따온 말로 オーエル라고 읽으며, 회사에 다니는 직장 여성을 뜻한다. 영어지만 영어가 아닌 단어로 폭넓게 쓰인다. 드라마 '결혼 못 하는 남자(結婚できない男)'로 유명한 아베 히로시(阿部寛)도 일반 직장여성 즉, OL과 결혼한다고 발표하여 큰 화제를 모았다.

● イケメン 이케멘

いける, いけてる는 '잘 나간다'는 뜻이고, めん은 얼굴을 뜻하는 한자 面(면)의 일본어 발음이다. 즉 잘생긴 얼짱 남자를 가리키는 말이다. 이 말은 2000년부터 '꽃미남'이란 뜻의 美男子(びだんし)라는 말 대신 크게 유행하고 있는 단어다. 그럼 '얼짱 여자'는 뭐라고 할까? 그냥 '미인'이란 뜻인 美人(しじん)이라고 하면 된다.

● モテる (이성에게) 인기가 있다.

'인기가 있다'를 일본어로 직역하면 人気(にんき)がある다. 하지만 매력이 있어서 이성에게 인기가 있다는 뜻으로는 モテる를 쓴다. 회사나 학교에서 인기가 있는 사람은 人気者(にんきもの)라고 한다.

Theme 1. 관광

観光(かんこう) 관광

観光地(かんこうち) 관광지

見所(みどころ) 볼만한 곳, 명소

日帰り(ひがえり) 당일치기

観光客(かんこうきゃく) 관광객

ガイド 관광 가이드

ガイドブック 가이드북

記念瓶(きねんびん) 기념품

Theme 2. 음식

食堂(しょくどう) 식당

プードシャップ 푸드샵

レストラン街(がい) 식당가

ファミリーレストラン 패밀리 레스토랑

ファーストフード店(みせ) 패스트푸드점

立ち食い(たちぐい) 입식 식당

屋台(やたい)노점 포장마차

食べ放題屋(たべほうだいや) 뷔페

Theme 3. 쇼핑

ショッピング · 買い物(かいもの) 쇼핑

ウィンド-ショッピング 아이쇼핑

デパート 백화점

売場(うりば) 매장

トレンド 트렌드

ファッション 패션

심혈을 기울인 일품

● 和(わ) 일본

한국에서는 일본음식을 '일식'이라고 하지만, 정작 일본에서는 日食(にっしょく)란 말은 쓰지 않는다. 일본인들은 일본을 스스로 和(わ)라고 부르기 때문에 일식은 和食(わしょく)라고 하고, 전통 일본 과자는 和菓子(わがし)라고 한다. 한국인이 한국음식을 '한식'이라고 부르는 것과 같다. 그렇다면, 한국 음식은 일본어로 뭐라고 할까? 韓(かん)国食(こくしょく)? 아니면 韓食(かんしょく)? 정답은 韓国料理(かんこくりょうり)다. 따라서 '한식점;'은 韓国料理屋(かんこくりょうりや)가 된다.

● 暖簾(のれん)노렌

자기 가게임을 상징하는 가게 상호가 쓰인 천으로, 그 가게의 자존심이라고 할 수 있다. 보통 가게 문을 열면서 가게 앞에 걸어두며, 문을 닫을 때 걷는다.

● 吹(ふ)き抜(ぬ)け 후키누케

건물의 층과 층 사이를 막지 않고 텅 비워두는 건축 양식의 하나다. 고급 개인주택의 경우에 종종 이 양식을 차용해서 집을 짓는다.

● 富裕層(ふゆうそう) 부유층

잘못 들으면 冬ソナ 즉, '겨울연가'로 착각하기 쉽다. 실제로 롯폰기힐즈나 도쿄미드타운에서 식사나 쇼핑을 하려면 웬만큼 지갑이 두껍지 않으면 힘들 정도여서 지나치게 부유층을 위한 공간이라는 비판도 있는 것이 사실이다. '부자'라는 뜻으로는 富裕層(부유층)이란 말보다 お金持(かねも)ち가 더 많이 쓰인다.

Theme 1. 진품과 가짜

本物(ほんもの) 진짜, 진품

偽物(にせもの) 가짜

本場(ほんば) 본고장

それらしい物(もの) 그럴싸한 물건

詐欺師(さぎし) 사기꾼

ごまかす 대충 넘겨서 속이다

Theme 2. 아사쿠사

雷門(かみなりもん) 큰 글자가 달린 등

[아사쿠사를 대표하는 상징물]

人形焼(にんぎょうや)き 닝교야키

[속에 팥앙금을 넣어서 구운 카스텔라]

手焼(てや)きせんべい 손으로만든 센베이

伝統工芸(でんとうこうげい) 전통공예

民芸品(みんげいひん) 민예품

陶磁器(とうじき) 도자기

料亭(りょうてい) 요정

懐石料理店(かいせきりょうりてん) 회석요리점

サンバカーニバル 삼바 카니발

踊(おど)り 춤

細道街路灯(ほそみちがいろとう) 골목길 가로등

演劇(えんげき) 연극

五重塔(ごじゅうとう) 5층 탑

[센소지(浅草寺) 안에 세워져 있는 탑

● お土産 기념품

일본에는 여행을 다녀오면 그 고장 특산물이나 기념품을 선물로 건네는 풍습이 있다. 이런 선물을 お土産라고 한다. 보통 정월(正月)이나 우리나라의 추석에 해당하는 오봉야스미(お盆休み)때 고향에 다녀오면서 오미야게로 사 오는 것 대부분이 그 지방을 대표하는 과자다. 훗카이도(北海道)를 대표하는 '白い恋人'라는 초콜릿을 시작으로 센베이(煎餅], 모치(餅), 당고(団子) 등 종류도 다양하다. 2007년에는 이세(伊勢)지방의 대표 오미야게인 赤副가 제조 일자를 위조해서 판매한 것으로 드러나 지역 토산품을 사랑하는 일본인들에게 충격을 주기로 했다.

● 戦後 패전 후

일본의 근대와 현대를 나누는 기준은 '태평양전쟁'이다. '패전 후'를 뜻하는 戦後는 1945년 이후를 가리키고, 그 이전은 戦前이라고 부른다. 얼핏 보면, '전쟁 전' 즉, 2차 세계대전 이전으로 부르기 쉬우나 '패전하기 전'을 뜻한다. 일본 언론에서는 패전(敗戰)이라는 말 대신에 전쟁이 끝났다는 뜻인 '종전'을 가리키는 終戦으로 쓰고 있다. 이것은 패(敗)를 빼 버림으로 인해 전쟁의 책임을 유야무야 시키려는 일본의 속마음이 담겨 있다.

● 아사쿠사(浅草) 읽는 법

아사쿠사(浅草)는 '얇다, 천박하다'란 뜻의 浅い에서 あさ를 '풀'이란 뜻의 草를 혼합한 말이다. 이렇게 한자를 뜻으로 읽는 경우를 訓読み라고 한다. 그런데, 같은 한자를 써도 아사쿠사에 있는 절인 浅草寺는 せんそうじ라고 읽는다. 浅(천)을 음으로 읽으면 せん, 草(초)를 음으로 읽으면 そう가 되기 때문이다. 이렇게 음으로 읽는 경우를 音読み라고 하는데, 결국 Case by case

Theme 1. 선물

贈り物(おくりもの) 선물

[일반적으로 생일 등을 축하할 때 준다]

お歳暮(せいぼ) 연말 선물

[연말에 신세를 진 사람에게 감사의 뜻으로 전한다]

お中元(ちゅうげん) 계절 선물

[무더운 여름에 계절 인사로 보낸다]

お土産(みやげ) 여행 선물

[여행을 다녀오거나 남의 집을 방문할 때 가지고 간다.]

Theme 2. 만남과 사랑

出会い(であい) 만남

合(ごう)コン 미팅, 소개팅

ナンパ 부킹

お見合(みあい) 맞선

初(はつ)デート 첫 데이트

誘う(さそう) 꼬시다, 유혹하다.

惚れる(ほれる) 반하다, 빠지다.

一目惚れ(ひとめぼれ) 첫눈에 반함

첫눈에 반한 사람

付き合う(つきあう) 사귀다. 교제하다

告白(こくはく)する 고백하다

恋人(こいびと) 연인

彼女(かのじょ) (사귀는) 여자친구

彼(かれ) 彼氏(かれし) (사귀는) 남자친구

二股(ふたまた) 양다리

別れる(わかれる) 헤어지다, 이별하다

ふられる (이성에게) 차이다

● 自由の女神の 자유의 여신상

우리가 알고 있는 뉴욕의 '자유의 여신상'은 원래 1876년에 프랑스 정부가 미국 건국 100주년을 기념하여 선물로 보낸 것이다. 그럼 파리에 있는 자유의 여신상은 뭘까? 미국 정부가 프랑스 혁명 100주년을 기념하여 1889년에 답례 차원에서 새롭게 4분의 1 크기의 복제품을 제작하여 보낸 것이다. 즉 뉴욕에 있는 것이 오리지널 원품이고, 파리와 일본에 있는 것은 복제품인 것이다. 2번이나 복제가 이루어 진 것이다.

● 여신(女神) 읽는 법

신(神)은 일본어로 かみ라고 한다. 그럼 '여신'은 뭐라고 읽을까? 여자(女)를 뜻으로 읽어서 발음을 하면 おんな라고 하니까 おんなのかみ? 아니면, 여자(女)를 음으로 읽어서 발음한다면 じょ라고 하니까 じょかみ? 둘 다 아니다. 女神은 めがみ라고 읽는다. 일본인들의 습관이겠지만, め라는 말이 여자를 가리키는 말이기도 하기 때문이다. 젊은 여성, 미혼 여성, 처녀를 가리킬 때 乙女라는 한자를 쓰고 おとめ라고 읽는데, 이때도 女를 め로 읽는다. 또한, 동물의 수컷은 おす, 암컷은 めす라고 쓰는 것을 보면 め는 여성을 뜻하는 경우가 많다. 이렇게 이해했다 하더라도 일본어는 단어에 따라 읽는 방법이 다르므로 그냥 외우는 수밖에 없다.

● 오다이바(お台場)로 가는 3가지 방법

본문에서 오다이바로 가는 방법으로 크게 두 가지, '유리카모메'나 '수상버스'를 타고 가는 방법이 있다고 했으나, 실은 린카이선(臨海線)이라는 전철로 가는 방법도 있다. 그러나, 다른 교통수단에 비해 도쿄 시내와의 접근성이 떨어지고, 후지테레비(フジテレビ)나 '해변공원'으로 갈 경우 조금 걸어야 하는 불편함이 있다. 단, '비너스포트'나 관람차가 있는 '팔레트타운'에서 가까우므로 집에 돌아갈 경우는 이용해 볼 수도 있다.

Theme 1. 백화점

三越(みつこし) 미츠코시

伊勢丹(いせたん) 이세탄

松屋(まつや) 마츠야

松坂屋(まつざかや) 마츠자카야

高島屋(たかしまや) 다카시마야

大丸(だいまる) 다이마루

丸井(まるい) 마루이

阪急百貨店(はんきゅうひゃっかてん) 한큐 백화점

西部百貨店(せいぶひゃっかてん) 세이부 백화점

東急百貨店(とうきゅうひゃっかてん) 도큐 백화점

京王百貨店(けいおうひゃっかてん) 게이오 백화점

小田急百貨店(おだきゅうひゃっかてん) 오다큐 백화점

Theme 2. 액세서리

アクセサリー 액세서리

ジュエリー 보석

指輪(ゆびわ) 반지

ブレスレット 팔찌

イヤリング 귀걸이

[뚫지 않는 귀에 거는 귀걸이]

ピアス 귀걸이

[뚫은 귀에 거는 귀걸이]

ネックレス 목걸이

サングラス 선글라스

ブローチ 브로치

ネクタイ 넥타이

タイピン 넥타이 핀

ベルト 벨트, 허리띠

スカーフ 스카프

財布(さいふ) 지갑

● ブランド品 명품

일본에서는 '명품'을 名品이라고 하지 않는다. '브랜드 제품'이라는 뜻으로 ブランド品이라고 표현한다. 예를 들어, '명품 가방'은 ブランドバッグ라고 하며, '명품을 좋아하는 사람'은 ブランド好き라고 한다. 일본에서는 명품이 많이 팔리는 것은 사실이지만 실제로는 목돈을 모으고 있는 젊은 여성들 가운데 명품을 좋아하는 사람은 오히려 드물다. 일본사회에도 양극화가 진행됨에 따라 우선적으로 자신을 보호할 수 있는 것이 명품보다는 현금이라는 것을 피부로 느끼고 있기 때문이다.

● 座 상인 모임

이 말은 '안, 내부'를 가리키는 内와 '바깥, 외부'를 가리키는 外와 같이 상인 조직에서 안과 밖을 나누는 기준이었다. 여기에 포함되어 있으면 얻는 특혜가 많았다. 전국시대(全國時代)의 대표적인 다이묘(大名)였던 오다 노부나가(織田信長)는 이런 폐쇄성을 철폐하고자 자유롭게 장사를 할 수 있는 영지내 특별 상업구역인 라쿠이치라쿠자(楽市楽座)를 만들기도 했다. 현재에도 연극을 주로 하는 극장인 俳優座와 가부키를 공연하는 극장인 歌舞伎座 등에 흔적이 남아 있어서 座라는 표현을 쓰고 있다.

● 流行る 유행하다

'유행'은 流行라고 하므로 '유행하다'는 流行する라고 하면 될 것 같지만, 일본에서는 명사인 流行(유행) 뒤에 동사의 어미인 る를 붙여서 はやる라고 읽는다. 우리말에서는 주로 한자에 동사를 붙이지만, 일본에서는 그렇게 하면 딱딱한 표현이 된다.

Theme 1. 남녀관계

デート 데이트

可愛い귀엽다

綺麗だ 예쁘다

男前・男らし 남자다움

女心여자마음

投げる 눈물이 난다, 슬프다

おごる 한턱내다. 쏜다

盛り上げる 분위기를 띄우다

合鍵 짝을 이루는 열쇠

[일종의 애정 표시용 물건으로, 집 열쇠를 건네주는 것 같이 살자는 뜻]

同棲 동거

キス 口づけ 키스

エッチ 성관계

['변태'라는 뜻의 hentai(変態)에서 h를 따온 말]

Theme 2. 음악

バンド 밴드, 그룹

バンドマン 밴드 맴버, 그룹맴버

ロック 록

ポップソング 팝송

バラード 발라드

ダンス 댄스

ラップ 랩

ヒップホップ 힙합

ジェーポップス J-pop, 일본가요

ジャズ 재즈

クラシック 클래식

演歌성인가요, 트로트

● 雑居ビル(ざっきょ) 잡탕건물

도쿄 거리에서 흔히 볼 수 있는 건물로, 음식점·술집·유흥업소·금융업 등 다양한 업종이 입주해 있다. '유흥업소'인 風俗店(ふうぞくてん)의 경우는 자극적인 문구로 치장해서 행인의 눈길을 끄는데 2001년 가부키쵸의 한 잡탕건물에서 화재가 발생, 비상구를 제대로 확보하지 않아 44명이나 사망하는 사고가 일어나기도 했다.

● ハチ公(こう) 하치코

시부야에 가면 도큐백화점(東急百貨店) 앞에 소박한 개 한 마리의 동상이 있다. 어째서 패션의 거리인 시뷰야에 개의 동상이 있는 것일까? 이 동상은 하치코(ハチ公)라고 불리는데, '하치 이야기(ハチ物語)'라는 영화로도 유명한 아키타견(秋田犬) '하치'의 이야기를 들어보면 그 이유를 알 수 있다. 하치는 동경제국대학의 교수로 있던 우에노 히데사부로(上野英三郎)가 키우던 애완견으로, 주인이 돌아오는 시간이 다가오면 그 시간에 맞춰 항상 역 앞에 나가서 기다렸다고 한다. 그런데 주인이 죽은 뒤에도 여전히 같은 시간에 시부야 역에 나가 그 자리를 지켰고, 사람들이 그런 하치를 보고 충견이라고 부르게 되었다. 이런 하치가 죽은 후에 사람들은 하치가 주인을 섬긴 마음을 오랫동안 새기기 위해 시부야 역 앞에 '충견 하치코'라는 동상을 세우게 된 것이다. '시부야 역 벽면에 하치코 부조가 있고, 출구도 '하치코 방면'이라고 쓰여 있다. 사람들은 시부야에서 누군가를 만나면 하치코의 동상 앞에서 약속을 정한다. 하치는 죽어서도 시부야를 지키는 샘이다.

Theme 1. 디즈니 랜드

パークカレンダー 파크 캘린더

[날짜별로 개장시간과 폐장시간이 다르므로, 미리 정보를 확인해야 한다]

ペストパス 패스트 패스

[미리 예약시간을 받아서 기다리지 않고 들어갈 수 있는 입장권]

エレクトリカルパレード 일렉트릭 퍼레이드

[밤이 되어서야 시작되는 야간 퍼레이드]

白雪姫(しらゆきひめ) 백설공주

7人(ななにん)の小人(こびと) 7명의 난쟁이

パレード 퍼레이드

キャラクター 캐릭터

ぬいぐるみ 동물 봉제 인형

Theme 2. 혼잡도 자료

軒 (のき) : 처마

http://disneycom'jp에 접속하면 도쿄 디즈니랜드의 혼잡도를 미리 파악할 수 있다.

混雑度(こんざつど) 혼잡도

休日(きゅうじつ) (중국, 홍콩, 대만, 한국의) 휴일

連休(れんきゅう) 토요일, 일요일, 공휴일, 연휴

祝祭日(しゅくさいび) 전국 도민의 날, 축제일

振替休日(ふりかえきゅうじつ) (운동회로 인한) 대체휴일

春夏冬休み(はるなつふゆやすみ) 봄방학, 여름방학, 겨울방학

給料日(きゅうりょうび) 월급날

ディズニーランドイベント 디즈니랜드의 이벤트

修学旅行(しゅうがくりょこう) 초·중·고등학생의 수학여행

卒業旅行(そつぎょうりょこう) 대학생의 졸업여행

過去(かこ)10年間(じゅうねんかん)のディズニーランドの天気情報(てんきじょうほう)

과거 10년간의 디즈니랜드 날씨정보

過去(かこ)の混雑情報(こんざつじょうほう)によるデータ

과거의 혼잡도에 의한 데이터

● アトラクション 어트랙션

일반적으로 흔히 타고 노는 놀이기구는 乗り物라고도 하지만, 디즈니랜드와 같은 테마파크에서 타고 노는 기구는 アトラクション이라고 한다. 이와 같이 일본에서는 영어를 가타카나로 들여와서 쓰는 것이 모국어인 일본어보다 더 자연스럽게 정착되어 쓰이는 경우도 많다.

● 東京ディズニーシー 도쿄 디즈니 시

도쿄 디즈니랜드는 크게 '디즈니랜드'와 디즈니 시'의 2대 테마파크로 나뉜다. '디즈니랜드'는 백설공주, 신데렐라부터 릴로 앤 스티치까지 등장하여 아이들에게 많은 볼거리를 제공하고, '디즈니 시'는 물을 중심으로 하여 알라딘을 등장시키는 수상쇼를 비롯하여 어른들도 즐길 수 있는 놀이기구가 더 많다. 물론 두 곳 모두 이용하려면 각각 별도의 요금을 내야 한다.

● 夢と魔法の国 꿈과 마법의 나라

도쿄 디즈니랜드를 돌아다니다 보면 '꿈과 마법의 나라'라는 말을 귀가 따갑게 듣는다. 외부에서 음식을 가지고 와서 먹는 것도 '꿈과 마법의 나라'에서는 환상을 깨는 것이므로 금지된다. 하지만 정작 이 '꿈과 마법의 나라'를 운영하고 관리하는 직원들의 임금이 저임금이라는 사실은 무척 놀라운 일이다. 시급 900엔 전후의 아르바이트생들이 많은데, 이는 도쿄에서의 일반적인 아르바이트와 큰 차이가 없다. 하루 종일 서서 사람들에게 미소를 지어 보이며 안내하는 일로서는 보수가 매우 짠 편이다. '꿈과 마법의 나라'는 낮은 인건비 위에 세워진 허상의 나라일지도 모른다.

Theme 1. 연말연시

お歳暮(せいぼ) 연말선물

年越(としこ)しそば 토시코시소바

[한해의 마지막 날에 먹는 국수]

ジャンボ宝(たから)くじ 점보복권

[다른 복권과 달리 당첨금액이 크다]

紅白歌合戦(こうはくうたがっせん)홍백노래대전

[한국의 연말가요대전과 비슷하다]

大晦日(おおみそか) 오미소카

[한해의 마지막 날을 가리킨다]

大掃除(おおそうじ) 대청소

[새해를 맞이하기 전에 한다]

お雑煮(ぞうに) 오조니

[한국의 떡국과 비슷한 설날 음식]

鏡餅(かがみもち) 가가미모찌

[정월에 신에게 공양하는 떡으로, 공양 후에 나눠먹으면 가족에게 화목이 온다고 전해진다]

福袋(ふくぶくろ) 복 주머니

[새해에 정가보다 비싼 상품을 넣어 판매하는 것으로, 상점에서 손님을 끌기 위한 고객 홍보용 판매 전략]

初売(はつう)り 첫 판매

[새해 처음으로 하는 판매]

Theme 2. 일본 근대화

近代化(きんだいか) 근대화

追(お)いつく 따라잡다

文明開化(ぶんめいかいか) 문명개화

国(くに)づくり 나라 만들기

侵略戦争(しんりゃくせんそう) 침략전쟁

日露戦争(にちろせんそう)러일전쟁

植民地(しょくみんち) 식민지

日中戦争(にっちゅうせんそう) 중일전쟁

太平洋戦争(たいへいようせんそう) 태평양전쟁

大東亜戦争(だいとうあせんそう) 대동아전쟁

原爆投下(げんばくとうか) 원폭투하

独立(どくりつ) 독립

先進国(せんしんこく) 선진국

発展途上国(はってんとじょうこく) 발전도상국

経済成長(けいざいせいちょう) 경제성장

地球温暖化(ちきゅうおんだんか) 지구온난화

● 年中(ねんじゅう) 1년 내내

원래대로 하면 一年(いちねん)ずっと가 맞는 표현이지만, 中(じゅう)를 넣어서 '줄곧, 내내, 계속'이란 뜻으로 쓰인다. 예를 들어, '몸 전체'가 아프다고 할 때도 体全体(からだぜんたい)라는 표현을 써도 되지만, 体中(からだじゅう)라는 표현을 쓰면 '몸 구석구석, 온몸'이라는 뜻이 되므로 훨씬 자연스럽고 일본어다운 표현이 된다.

● 西郷隆盛(さいごうたかもり) 사이고 다카모리

이 사람은 메이지 유신(明治維新)을 성공시킨 사무리이로, 지금의 규슈(九州)에 해당하는 사츠마번(薩摩藩)의 가장 실력 있는 사무라이였다. 메이지유신이 성공한 후에 정한론(征韓論)을 주장하다가 실각한 후, 규슈로 돌아가 정계 복귀를 노렸지만 결국 정부군에게 패하여 자결을 하였다. 하지만 그가 주장했던 정한론은 1876년 강화도 조약으로 현실화되었으며, 실제로 사이고 다카모리와 신정부가 갈등을 빚었던 것도 시기의 문제였을 뿐 정한론 실행에 관한 문제는 아니었던 것이다.

● 시장(市場) 읽는 법

시장(市場)을 읽는 방법은 두 가지 있다. 한자를 음(音)으로 읽어 しじょう라고 하면 주식시장처럼 딱딱하고 추상적인 시장을 가리킨다. 반면, 한자를 뜻(訓)으로 읽어 いちば라고 하면 재래시장처럼 사람의 왕래가 많아서 시끌시끌하고 번화한 시장을 가리킨다.

● 負(ま)けるま 가격을 깎다

물건을 살 때 주인에게 싸게 해 달라고 말할 때는, 말 그대로 安(やす)くしてください라고 하면 되지만, 실제 회화에서는 '가격을 깎다'는 뜻으로 負(ま)ける라는 말을 쓴다. 따라서, '깎아 주세요'는 負(ま)けてください가 된다.

Theme 1. 番(はん)사용어휘

代わり番こに(かわりばんこに) 번갈아서

[여기서 番(ばん)은 '순서'를 나타내는 말]

番所(ばんしょ) 반쇼

[에도시대 때, 통행인이나 선박을 감시하고, 세금을 징수했던 곳]

交番(こうばん) 파출소

順番(じゅんばん) 차례, 순서

出番(でばん) 나갈 차례, 순서

番付(ばんづけ) 순서, 랭킹 매기기

番外(ばんがい) 번외

番組(ばんぐみ)방송 프로그램

留守番(るすばん) 부재중

Theme 2. 에도시대

奉行(ぶぎょう) 봉행

[에도시대 때의 주요 관리]

武家諸法度(ぶけしょはっと) 무가제법도

[사무라이들의 행동이나 규범을 정한 법]

喧嘩両成敗(けんかりょうせいばい) 칼싸움 금지법

[싸움을 건 사람과 이에 응한 사람 모두 처벌하는 법으로, 전국시대에 팽배한 칼싸움을 중지시키기 위해 만들었다]

寺子屋(てらこや) 서당

キリスト教(きょう) 기독교

[에도시대 초기에는 허용했다가 나중에는 금지하게 되었다

鎖国(さこく)쇄국

黒船(くろふね) 흑선

[페리의 흑선이 출현함에 따라 일본의 근대화가 시작되었다]

● 将軍 장군

이 말은 征夷大将軍의 준말로, 원래는 천황의 명을 받고 동쪽(지금의 도쿄 및 그 위쪽에 위치한 지방)에 있는 오랑캐(이민족)을 정벌한다는 명분 하에 만들어진 직위였다. 하지만 미나모토노 요리토모(源頼朝)가 카마쿠라(鎌倉)라는 막부를 세운 이후로는 일본의 최고권력자를 가리키는 말이 되었다. 그러나 이 쇼군도 아무나 될 수는 없었다. 처음 쇼군의 자리에 앉은 것이 겐지(源氏)였기 때문에 성이 다르면 쇼군으로 칭하기가 어려웠다. 농민의 아들도 태어나 일본 권력의 꼭대기까지 올라간 도요토미 히데요시(豊臣秀吉)가 쇼군의 직책을 얻지 못하고 천황을 보좌하는 직책인 간파쿠(関白)를 얻을 수 밖에 없었던 것도 이러한 배경 때문이다.

● 霞が関 가스미가세키

한국에서 '여의도'라고 하면 제일 먼저 국회의사당과 방송국들을 떠올리는 것처럼, 일본에서도 지역명이 일본의 정치인과 관료를 대표하는 경우가 있다. 그 대표적인 예가 바로 霞が関이다. 이곳에는 여러 관청들이 모여 있기 때문에 '가스미가세키'라고 하면 당연히 관료를 떠올린다. 또한 永田町는 수상 관저와 국회의사당 및 여러 정당들이 있는 곳이기 때문에 자연스럽게 정치인을 대표하는 말로 자리 잡게 된다. 따라서 관료들이 내놓은 정책에 관한 이야기가 나올 때는 霞が関라는 말이 신문의 헤드라인을 장식하고, 국회의원들이 정치적 사안을 두고 치열하게 싸울 때는 永田町라는 말이 회자된다. 예를 들어, '가스미카세키와 나가타쵸의 대립'이라는 말이 나오면 관료와 정치인의 대립을 의미하는 것이다.

● 天皇 천황

메이지유신 전까지만 해도 일반 백성들은 천황의 존재 자체를 몰랐다고 한다. 에도시대까지 일본의 실질적인 통치자는 영주인 다이묘였으며, 일본 우익이 주장하는 '천황제'란 근대적인 천황제로 그 역사가 200년도 채 되지 않는다. 일본에서 절대적인 존재인 천황이 살고 있는 곳은 수도를 옮길 때를 전후하여 그 명칭이 바뀌었다. 수도를 도쿄로 옮기기 전에 천황이 살았던 곳은 御所라고 불렀으며, 이곳은 교토의 중심가에 위치하고 있다. 한편, 수도를 도쿄로 옮긴 이후 현재까지 천황이 살고 있는 곳은 皇居이라고 부른다.

Theme 1. 전철의 이용

切符発売機(きっぷはつばいき) 승차권 발매기

精算機(せいさんき) 정산기

出口(でぐち) 출구

Tip 東出口(ひがしでぐち) 동쪽 출구

西出口(にしでぐち) 서쪽 출구

南出口(みなみでぐち) 남쪽 출구

北出口(きたでぐち) 북쪽 출구

改札口(かいさつぐち) 개찰구

定期券(ていきけん) 정기권

学割(がくわり) 학생할인

手摺(てす)り (전철 안에서 서 있을 때 잡는) 봉

つり革(がわ) 손잡이

優先席(ゆうせんせき) 경로석

乗(の)り換(か)え 환승

Theme 2. 전철의 운행

路線図(ろせんず) 노선도

ダイヤ 운행시간표

各駅停車(かくえきていしゃ) 각 역 정차

快速(かいそく) 쾌속

急行(きゅうこう) 급행

特急(とっきゅう) 특급

始発(しはつ) 첫차

終電(しゅうでん) 막차

● 일본의 전철 안내 방송

1. 전철이 들어올 때

お待たせいたしました。

(오래 기다리셨습니다.)

まもなく４番線に渋谷行きの電車がまいります。

(잠시 후 4번 홈에 시부야행 전철이 들어오겠습니다.)

危ないですから、黄色い線の内側までお下がりください。

(위험하오니, 노란선의 뒤쪽까지 물어나 주십시오.)

駆け込み乗車は危険ですので、おやめください。

([전철 문이 닫힐 때] 뛰어들어 타는 것은 위험하므로 삼가 주십시오.)

この電車は平和台には停車いたしません。

(이 전철은 헤와다이에는 정차하지 않습니다.)

2. 전철 안에서

３番線に停車中の電車は品川行きの普通電車です。

(3번 홈에 정차하고 있는 전철은 시나가와행 보통전철입니다.)

発車までしばらくお待ちください。

(발차할 때까지 잠시 기다려 주십시오.)

まもなく発車いたします。

(잠시 후에 발차하겠습니다.)

本日のご利用いただきまして、ありがとうございます。

(오늘도 이용해 주셔서 감사합니다.)

まもなく新宿、新宿に到着いたします。

(잠시 후 신주쿠, 신주쿠에 도착하겠습니다.)

Theme 1. 읽을거리

新聞(しんぶん) 신문

Tip 朝刊(ちょうかん)조간

Tip 夕刊(ゆうかん) 석간

雑誌(ざっし) 잡지

Tip 週刊誌(しゅうかんし) 주간지

Tip 月刊誌(げっかんし) 월간지

宙吊(ちゅうづ)り広告(こうこく) (전철 안)광고

文庫本(ぶんこほん) 포켓북

Theme 2. 전화

公衆電話(こうしゅうでんわ) 공중전화

市外電話(しがいでんわ) 시외전화

国際電話(こくさいでんわ) 국제전화

留守番電話(るすばんでんわ) 자동응답전화

間違(まちが)い電話(でんわ) 잘못 걸린 전화

いたずら電話(でんわ) 장난전화

コレクトコール 수신자부담전화

フリーダイアル 무료전화

[우리나라의 경우에는 080번으로 시작되지만, 일본에서는 0120으로 시작된다.]

Theme 3. 전화표현

電話(でんわ)を使(つか)う 전화를 쓰다

電話(でんわ)をかける 전화를 걸다

電話(でんわ)がかかってくる 전화가 걸려오다

電話(でんわ)に出(で)る 전화를 받다

電話(でんわ)代わる 전화를 바꿔주다

電話(でんわ)を切(き)る 전화를 끊다

電話(でんわ)をかけ直(なお)す 전화를 다시 걸다

● 電車(전철)와 地下鉄(지하철)

電車는 일반적인 의미의 '전철'을 가리키지만, 地下鉄는 말 그대로 지하로만 다니는 전철을 가리킨다. 운영하는 주체가 도쿄 메트로(東京メトロ)인 경우는 일원화되어 있기 때문에 환승할 때 별도로 요금을 정산할 필요가 없다.

● JR(ジェイアール)

이 말은 Japan Rail의 준말로, ジェイアール라고 읽는다. 도쿄의 주요 도심과 부심을 운행하는 전철인데, 예전에는 국영기업이었지만 지금은 민영기업이 된 전철이다.

● 私鉄 사철

이 '사철'이라는 것은 민간 전철을 가리키는 말이다. 세이부(西武), 도큐(東急), 게이오(京王) 등 도쿄의 외곽으로 빠져나가는 전철은 대부분 민간회사가 운영하고 있다. 이런 기업은 철도를 기반으로 부동산 및 도시의 개발을 진행하고, 그곳의 인구가 늘어남에 따라 백화점 사업으로 확대하는 경우가 많다. 이것이 사철이 시작되는 출발역에 해당 회사의 백화점이 들어서 있는 까닭이기도 하다.

● 折り返し電話 응답전화

전철 안에서 휴대전화가 울리는 등 통화하기 곤란한 상황일 때, 전화를 건 상대방에게 나중에 다시 거는 전화를 말한다. 여기서 折り返し는 일단 한번 접고 난 뒤 다시 되돌린다는 뜻이다. '종이접기'를 折り紙라고 하는 것을 보면 折る의 뜻을 이해할 수 있을 것이다.

● 電波が届く 전파가 통하다.

'통하다'는 원래 通じる라고 하지만, 전파와 함께 쓸 때는 '닿다'라는 뜻의 届く를 쓴다.

Theme 자전거

放置自転車(ほうちじてんしゃ)방치 자전거

乗(の)り捨(す)て 남의 자전거를 훔쳐 타고 가서 아무데나 버리는 것

防犯登録(ぼうはんとうろく) 방범등록

[이 등록을 하려면 등록비로 500엔이 든다]

警視庁(けいしちょう) 경시청

前(まえ)かご (자전거의) 앞 바구니

車輪(しゃりん) 바퀴

パンク 펑크

[동네 자전거점에 가면 1000엔 정도에 때울 수 있다]

鍵(かぎ) 열쇠

[일본에서는 전봇대 등의 기둥에 자전거를 메어 둘 필요는 없지만 열쇠는 꼭 채워야 한다]

自転車補助席(じてんしゃほじょせき) 자전거 보조석

[어린아이를 태우고 다니기 위해 뒷자리 부분에 별도로 설치한 간이 의자. 이 의자 없이 뒷자리에 타면 바퀴에 발이 걸릴 우려가 있다]

盗難(とうなん) 도난 자전거

[남의 자전거를 타고 가다가 경찰에 검문을 당하게 되면 현장에서 바로 경찰서로 연행된다]

折(お)りたたみ自転車(じてんしゃ)접혀지는 자전거

● ちゃりんこ 자전거

'자전거'는 自転車라고 하지만, 속어와 같은 개념으로 ちゃりんこ라고도 부른다. 이 말은 자전거의 벨소리에서 따온 것이다. 우리는 자전거가 지나갈 때 울리는 벨소리를 '따르릉 따르릉'이라고 하는데, 일본에서는 ちゃりんちゃりん(찌링찌링)이라고 표현한다. ちゃりんこ는 줄여서 ちゃりん이라고도 쓴다.

● 原付 스쿠터

일본어로 '오토바이'는 オートバイ라고 하지만 회화에서는 주로 バイク라고 부른다. 오토바이 중에서 엔진이 50cc 미만인 스쿠터를 겐츠키(原付)라고 부른다. 도로표지판을 보면 자전거와 비슷한 급으로 취급하는 경우가 많다. 일반적인 회화에서는 주로 겐챠리(原チャリ)라고 말한다.

● 駐輪場 자전거 세우는 곳

자동차를 세우는 '주차장'은 駐車場라고 하는데, 자전거를 세우는 곳은 駐輪場라고 한다. 대부분의 전철역 앞에는 유료 주차장처럼 유료 주륜장이 꽤 많다. 유료 주륜장은 크게 월정액으로 운영하는 곳과 시간제로 운영하는 곳으로 나뉜다. 월정액으로 운영하는 곳은 1개월에 2000엔 정도를 받고, 시간제로 운영하는 곳은 100엔으로 12시간 정도 세워둘 수 있다.

● 仕方なく 어쩔 수 없이

仕方는 '하는 방법'이란 뜻이다. 동사원형인 仕方ない는 '하는 수 없다, 어쩔 수 없다'라는 뜻이 된다. 仕方なく는 仕方ない의 부사형이다. 회화에서는 しょうがない라는 말을 더 많이 쓴다.

Theme 1. 택시요금

初乗り(はつの)　기본요금

深夜(しんや)　심야

早朝(そうちょう)　조조

割増(わりまし)　할증

割引(わりびき)　할인

クレジットカード決済(けっさい)　카드결제

[일본의 택시는 대부분 카드 결제가 가능하다]

運賃(うんちん)　운임

運転手(うんてんしゅ)　운전기사

Theme 2. 급여

給料(きゅうりょう)　급료, 월급

月給(げっきゅう)　월급

[실제 회화에서는 잘 쓰지 않는다]

給与(きゅうよ)　급여

[급여소득자 명세서에 쓰이는 말]

年収(ねんしゅう)　연 수입, 연봉

能力制(のうりょくせい)　능력제

[자기가 벌은 만큼 돈을 받는 시스템]

賃金(ちんぎん)　임금

賃上げ(ちんあ)　임금인상

ボーナス　보너스

売り上げ(うあ)　매상, 매출

手取り(てど)　실 급여

[세금과 보험료를 떼고 실제로 받게 되는 월급]

初任給(しょにんきゅう)　(입사 후 받는) 첫 월급

手当(てあて)　수당

残業代(ざんぎょうだい)　야근수당

自腹(じばら)　자기 부담

[회사에서 보조금이 나오지 않는 경우에 한해서 쓴다]

建替(たてかえ)　대납

[공금과 같은 회사 비용을 자기 돈으로 먼저 지불한 후, 회사에 영수증을 제출하여 나중에 정산을 받는 것]

● 終電(しゅうでん) 막차

마지막으로 운행되는 전철을 가리키는 말로, 最終電車(さいしゅうでんしゃ)의 준말이다. '첫차' 또한 始発(しはつ)라고 하는데, 이것도 始発電車(しはつでんしゃ)의 준말이다.

● タクシー料金(りょうきん) 택시 요금

일본 택시의 기본요금은 2km까지는 710엔이고, 거리로는 288m당 90엔이다. 요금이 인상되기 전에는 274당 80엔이었다. 또한 심야나 조조에 적용되는 할증요금은 밤 10시부터 새벽 5시까지 20%가 할증된다.

● 初(はつ) 처음

일본어로 '처음'이라는 말은 항상 初(はつ)를 쓴다. '첫사랑'은 初恋(はつこい), '금시초문'은 初耳(はつみみ)라고 한다. 단, 회화에서는 '처음'을 初(はじ)めて라고 한다. 예를 들어, '일본은 처음입니다.'라고 할 때는 日本(にほん)は初(はじ)めてです。라고 표현하면 된다.

● 無愛想(ぶあいそう)だ 무뚝뚝하다.

'친절하다'는 親切(しんせつ)だ라고 하지만, 반대말인 '불친절하다'는 不親切(불친절)이라고 하지 않고 無愛想(ぶあいそう)だ라고 해야 한다. 愛想(あいそう)だ가 '상냥하다'는 뜻이므로, 반대말인 無愛想(ぶあいそう)だ는 '무뚝뚝하다, 불친절하다'는 뜻이 된다. 만약 점원의 태도가 불친절한 가게에 들어갔을 때 'この店(みせ)、無愛想(ぶあいそう)ですね(이 가게, 불친절하네요)!'라고 한마디만 하면 금방 점원의 태도가 바뀔 것이다.

Theme 1. 길

大通(おおどお)り 대로, 큰길

遠回(とおまわ)り　돌아가는 길, 우회로

近道(ちかみち)　지름길

抜(ぬ)け道(みち)　샛길

上(のぼ)り坂(ざか)　오르막길

下(くだ)り坂(ざか)　내리막길

Theme 2. 도로표지판

道路標識(どうろひょうしき) 도로 표지판

一方通行(いっぽうつうこう) 일방통행

一時停止(いちじていし) 일시정지

進(すす)め 나가시오

止(と)まれ 멈추시오

スピード落(お)とせ 속도를 낮추시오

停止線(ていしせん).　정지선

工事中(こうじちゅう)　공사 중

渋滞中(じゅうたいちゅう)　정체 중

頭上注意(ずじょうちゅうい) 머리 조심

足元注意(あしもとちゅうい)　발 조심

Theme 3. 자동차

小型車(こがたしゃ) 소형차

中型車(ちゅうがたしゃ) 중형차

大型車(おおがたしゃ) 대형차

乗用車(じょうようしゃ)　승용차

中古車(ちゅうこしゃ)　중고차

オートマ　오토(메틱)

マニュアル　스틱

性能(せいのう) 성능

燃料(ねんりょう) 연료

燃費(ねんぴ) 연비

駆動(くどう) 구동

排気量(はいきりょう) 배기량

● 首都高速道路　수도고속도로

도쿄 중심부의 이곳저곳을 가로지르는 것이 바로 수도고속도로이다. 통행료가 700엔이라서 비싼 편이고 길이 좁기 때문에 낮 시간대에는 곳곳에 정체 현상을 보인다. 2008년부터 일괄통행료에서 거리별 요금제로 바뀌었다.

● 循環道路 순환도로

도쿄의 대표적인 순환도로로는 두 곳이 있는데, 도쿄의 오른쪽을 순환하는 '칸나나(環七)와 도쿄의 왼쪽을 순환하는' 칸파치(環八)'가 있다. 그러나 순환도로라고 해서 한국처럼 널찍널찍한 도로를 생각한다면 오산이다. 보통 편도 2차선이라서 주말에는 거북이 걸음을 하는 곳도 많다.

● 下町 시타마치

'서민동네, 아랫동네'라는 뜻이다. 다이묘나 하타모토(畑本) 등의 지배계급이 살던 곳을 야마노테(山の手)라고 불렀는데, 이곳에 반대되는 개념으로 옛날에 중하급 무사들 및 서민들이 모여 살던 곳을 가리키면서 생긴 말이다. 시타마치에는 일본의 오래된 집이나 풍습 등이 남아있는 경우가 많아서 한적한 일본을 느끼고 싶다면 이런 곳을 찾아보는 것도 좋다.

● ガソリンスタンド　주유소

'주유소'를 한자어 그대로 쓰면 注油所가 되지만 이런 말은 쓰지 않는다. 일본어로는 ガソリンスタンド라고 한다. '휘발유'를 ガソリン이라고 하기 때문이다. 이 휘발유에도 두 가지가 있다. 매연이 덜 나오는 고급휘발유는 ハイオク라고 하고, 일반적인 휘발유는 レギュラー라고 한다. 참고로, '경유'는 経由라고 하고, '등유'는 灯油라고 한다.

Theme 1. 운전

運転(うんてん) 운전

免許証(めんきょしょう) 면허증

右折(うせつ) 우회전

左折(させつ) 좌회전

パック 백

[차를 뒤로 움직이는 것]

ユーターン 유턴

追(お)い越(こ)し 추월

ハザード 돌발등

[운전 중에 돌발상황이 발생했을 때]

ウィンカ 깜빡이

満(まん)タン 만땅

[기름탱크에 기름을 가득 채워넣는 것]

えんこ 엥꼬

[기름탱크 안의 기름이 바닥나서 차가 멈추거나 고장나는 것]

ハッテリー上(あ)がり 방전

迂回(うかい) 우회

車検(しゃけん) 차검

[2년에 1번씩 받는 차량검사로, 검사 비용만 100,000엔이 넘는다]

Theme 2. 교통법규

駐車違反(ちゅうしゃいはん) 주차위반

不法駐車(ふほうちゅうしゃ) 불법주차

飲酒運転(いんしゅうんてん) 음주운전

ひき逃(に)げ 뺑소니

[차로 사람을 치고 도망가는 불법행위]

当(あ)て逃(に)げあ 차량 뺑소니

[차에 흠집을 내고 도망가는 불법행위]

はねる 들이받다

はねられる 치이다

罰金(ばっきん) 벌금

取(と)り締(し)まり 단속

ねずみ取り 함정단속

[원래는 '쥐(ねずみ)를 잡는다(とう)'는 뜻]

● 第一印象(だいいちいんしょう) 첫인상

'처음'은 주로 初(はつ)가 아니면 初(はじ)めて라는 표현을 쓰지만, '첫인상'이라는 단어에는 第一(だいいち)라는 말이 '처음'이라는 뜻을 대신한다.

● 月極(つきぎめ) 월정액

이 말은 1개월 단위로 얼마씩의 금액을 일정하게 정한다는 뜻으로, 주차요금에 활용되는 표현이다. 일반적인 세입자가 도쿄 변두리에서 주차장에 지불하는 1개월분의 주차요금은 15,000엔 정도인데, 신주쿠와 같은 도심의 경우는 1개월분의 주차요금으로 100,000엔 정도를 지불한다. 참고로, 변두리 주차장과 도심 주차장의 주차요금 차이는 얼마나 될까? 변두리의 경우 30분당 100엔이지만 도심의 경우 30분당 500엔이나 한다. 무려 5배나 차이가 난다는 사실!

● 車庫証明(しゃこしょうめい) 차고증명

이 '차고 증명'이 없으면 차량의 명의 이전이 되지 않는다. 거주 1km내에서 주차 부지를 빌려야 한다. 단, 660cc 미만의 경차는 따로 차고 증명을 할 필요가 없다.

● 青空駐車(あおぞらちゅうしゃ) 노상주차

여기에 쓰인 青空(あおぞら)는 '노천, 야외'라는 뜻으로 쓰였다. 즉 이 말은 '노천주차, 야외주차'라는 뜻이 된다. '노상주차'라는 말 그대로 쓰는 路上駐車(ろじょうちゅうしゃ)와 함께 많이 쓰이는 표현이다.

● 営業マン 영업맨

대부분의 영업사원이 남자이기 때문에, 영어의 man을 가타카나로 쓴 マン을 뒤에 붙인 말이다

Theme 1. 은행업무

現金(げんきん) 현금

切手(きって) 수표

手形(てがた) 어음

両替(りょうがえ) 환전

入金(にゅうきん) 입금

引(ひ)き出(だ)し 인출, 출금

振込(ふりこ)み 이체

残高(ざんだか) 잔액

通帳(つうちょう) 통장

はんこ 도장

印鑑(いんかん) 인감도장

キャッシュカード 현금카드

預金(よきん) 예금

貯金(ちょきん) 저금

積(つ)み立(た)て 적금

ローン 대출

Theme 2. 취미생활

旅行(りょこう) 여행

釣(つ)り 낚시

登山(とざん)・山登(やまのぼ)り 등산

運動(うんどう)・スポーツ 운동

絵(え) 그림

演奏(えんそう) 연주

料理(りょうり) 요리

読書(どくしょ) 독서

生(い)け花(ばな) 꽃꽂이

音楽(おんがく) 음악

映画(えいが) 영화

写真(しゃしん) 사진

囲碁(いご) 바둑

長期(ちょうき) 장기

編(あ)み物(もの) 뜨개질

● お宅 오타쿠

원래는 상대방의 '집'을 높여 말할 때 쓰는 말인데, 애니메이션 및 만화를 좋아하는 사람들이 모여서 상대방을 おたく라고 부르면서 쓰다 보니 뜻이 와전되어, '어떤 한 가지에 깊이 몰두하고 즐기는 사람'을 가리키는 말이 되었다. 현재는 만화나 애니메이션을 광적으로 좋아하는 매니아 집단을 의미한다. 보통 히라가나나 가타카나로 표기한다. 물론 マニア(매니아)라는 말도 따로 쓰이지만, おたくい보다는 건전한 취미를 전문적으로 즐기는 사람을 가리킨다. おたく는 이러한 매니아 수준을 넘어서 그 분야에 대해 광적으로 빠져 지내는 사람을 뜻하는 말이다.

● きれる 열 받다.

일반적으로 '화가 나다'는 腹が立つ라고 하는데, 화가 난 정도가 매우 심한 경우에는 '열 받다'라는 뜻으로 きれる를 쓴다. 원래는 '끊어지다'라는 뜻인데, 의역하여 진짜 화가 폭발해서 감정선의 한도를 넘었다는 뜻으로 쓰인다. 참고로, 순간적으로 화가 나는 경우는 頭にくる라는 표현을 쓴다.

● 変わった 별난

'바뀌다'라는 뜻인 変わる의 과거형으로, '바뀌었다'라는 뜻 외에 '이상한, 별난, 특이한'이라는 뜻으로도 쓰인다. 또 한 가지 알아둘 점은 '별나다, 특이하다'라는 말은 変わる라고 하지 않고 変わっている와 같이 표현한다는 사실이다. 일반적으로 '이상한 사람'이라는 말은 変な人라는 표현을 많이 쓴다.

● 行かれてる 맛이 갔다.

한국어로 흔히 '맛이 갔다'라고 하면 어딘가 고장이 나거나 상태가 안 좋다는 뜻인데, 일본어에도 이와 비슷한 표현이 있다. '가다'라는 뜻인 行く의 수동형 行かれる를 써서 行かれてる라고 한다. 직역하면 '가 버렸다'이지만 회화에서는 사람이나 물건에 대해 '맛이 갔다, 상태가 안 좋다'는 뜻으로 쓰인다.

Theme 1. 편의점 이용

コンビニ 편의점

店長(てんちょう) 점장

店員(てんいん) 점원

カウンター 카운터

レジ 계산대

お会計(かいけい) 계산

消費税(しょうひぜい) 소비세

レシート・領収証(りょうしゅうしょう) 영수증

袋(ふくろ) 봉지

Tip 紙袋(かみふくろ) 종이봉지

ビニール袋(ふくろ) 비닐봉지

Theme 2. 편의점

新発売(しんはつばい) 신발매

インスタント 인스턴트

レトルト 3분 요리

冷凍食品(れいとうしょくひん) 냉동식품

缶詰(かんづめ) 통조림

ミネラルウォーター 생수

牛乳(ぎゅうにゅう) 우유

お茶(ちゃ)차

麦茶(むぎちゃ) 보리차

緑茶(りょくちゃ) 녹차

ジュース 주스

缶(かん)コーヒ캔 커피

● おにぎり 삼각김밥

'손으로 쥐다'라는 뜻인 握る의 명사형인 (お)にぎり는 우리말로 '주먹밥'에 해당한다. 그런데, 왜 '삼각김밥'이라고 부르는 걸까? 그 이유는 일본에서 시판되는 おにぎり가 대부분 삼각형이기 때문이다. 그렇지만, おにぎり중에는 동그란 것도 있고 원통형 모양도 있다.

● 일본인들의 점심 메뉴

1. おにぎり 삼각김밥

   속에 들어가는 재료로는 シナ(참치), 明太子(명태알), こんぶ(다시마), 梅(매실) 등이 있다. 가격은 보통 100~150엔이다.

2. カップらーめん 컵라면

   컵라면을 사면 일회용 젓가락도 넣어 주는데, 그 안에는 이쑤시개도 들어 있으므로 젓가락을 꺼낼 때 찔리지 않도록 조심해야 한다.

3. お弁当

   500엔 정도의 도시락을 사야 그나마 제대로 된 한 끼 식사가 가능하나, 요즘에는 가격파괴 바람이 불어서 300~400엔 대에서도 잘만 고름녀 먹을 만한 것이 꽤 있다. 포푸라(ポプラ)라는 편의점에서는 밥통에 밥을 보관하다가 손님이 도시락을 사면 그때 밥을 퍼주는 방식으로 판매하기도 한다.

● 편의점에서 쓰이는 표현

ビニール袋、ご利用になりますか。	비닐봉지 이용하시겠습니까?
千円からお預かりいたします。	1,000엔 받았습니다.
二百円のお返しです。	200엔 되돌려 드립니다.
お待ちのお客様、こちらへどうぞ。	기다리시는 손님, 이쪽으로 오세요.

Theme 1. 동물

芸術 (げいじゅつ) : 예술

犬(いぬ) 개

猫(ねこ) 고양이

猿(さる) 원숭이

兎(うさぎ) 토끼

亀(かめ) 거북이

りす 다람쥐

鶏(にわとり) 닭

鳥(とり) 새

豚(ぶた) 돼지

牛(うし) 소

虎(とら) 호랑이

羊(ひつじ) 양

馬(うま) 말

狐(きつね) 여우

狸(たぬき) 너구리

鼠(ねずみ) 쥐

像(ぞう) 코끼리

Theme 2. 공원시설

ブランコ 그네

シーソー 시소

滑(すべ)り台(だい) 미끄럼틀

ベンチ 벤치

池(いけ) 연못

鯉(こい) 잉어

金魚(きんぎょ) 금붕어

芝生(しばふ) 잔디

鉄棒(てつぼう) 철봉

蛇口(じゃぐち) 수도꼭지

トイレ 화장실

● 気(き)に入(い)る 마음에 들다.

일본어로 '마음'은 心(こころ)라고 하지만, '마음에 들다'라는 표현에는 気(き)를 쓴다. 이 말은 원래 '기운, 기세'란 뜻이지만, 관용구에 따라 '마음, 감정'이란 뜻으로도 쓰이기 때문이다. 예를 들면, '마음에 들다'는 気(き)に入(い)る라고 하고, '마음에 들지 않다'는 気(き)に入(い)らない라고 한다. 회화에서 많이 쓰이는 표현이다.

● 公園(こうえん)デビュー 공원 데뷔

일본에서는 보통 아이가 크면 동네에서 '공원 데뷔'라는 것을 한다. 동네 아주머니들끼리 공원으로 아이들을 데리고 나와 서로 인사를 시키고 친분을 쌓는 것을 말한다. 일본의 공원은 그 지역사회의 문화와 생활체육의 중심적인 공간이기도 하다. 공원에 따라 야구장이 있어서 주말이면 중·고등학교의 야구부원들이 시합을 하기도 하고, 여름이면 주민들이 쉽게 이용할 수 있는 수영장을 아주 저렴한 가격으로 개방해 놓기 때문에 물놀이도 실컷 즐길 수 있다.

● 일본에 공원이 많은 이유

첫 번째는, 옛 다이묘나 일본 왕실의 정원을 일반에게 기증하여 공원으로 바꾸었기 때문, 두 번째는, 전쟁 때 만들었던 방공호(防空壕)가 그대로 공원이 되었기 때문, 세 번째는, 지진(地震) 등의 자연재해가 일어났을 때를 대비하여 피난장소로 만들어 두었기 때문이다. 어쨌거나 공원이 많아서 나쁠 것은 하나도 없다.

● 小屋(こや) 작은 집

임시로 세운 매우 크기가 작은 집을 가리키는 말로 '오두막집'을 뜻하기도 한다. 주로 토끼, 닭, 오리 등의 몸집이 작은 동물들이 사는 '우리'를 가리키는 경우가 많다. 예를 들어, 馬小屋(うまごや)는 '마굿간'이라는 뜻이다.

Theme 1. 도서관

図書館(としょかん) 도서관

市立(いちりつ)시립

倒立(とうりつ) 도립

区立(くりつ) 구립

本(ほん) 책

貸出(かしだし) 대출

返却(へんきゃく) 반납

貸出(かしだし)カード 대출카드

返却口(へんきゃくぐち) 반납기

机(つくえ) 책상

椅子(いす) 의자

Theme 2. 서적

単行本(たんこうぼん) 단행본

文庫本(ぶんこぼん) 문고본

絵本(えほん) 동화책

辞書(じしょ)・辞典(じてん) 사전

図鑑(ずかん) 도감

写真集(しゃしんしゅう) 사진집

新墾(しんこん) 신간

小説(しょうせつ) 소설

随筆(ずいひつ)・エッセイ 수필

実用書(じつようしょ) 실용서

ベストセラー 베스트 셀러

Theme 3. 책의 구성

表紙(ひょうし)표지

タイトル・題目(だいもく) 제목

前書(まえが)き・はし書(が)き 머리말

目次(もくじ)목차, 차례

本文(ほんぶん) 본문

付録(ふろく) 부록

● 助かる 도움이 되다.

이 표현은 어려운 상황에 빠져있을 때에 누군가에게 도움을 받아 위기를 모면한 상황에 쓴다. 상대방의 존재나 행동을 높이 평가하여 말할 때 쓰기도 한다. 일반적으로 '도움이 되다, 쓸모가 있다'라는 뜻인 役に立つ는 주로 공부를 하거나 어떤 지식을 얻었을 경우에만 쓰는 표현이다.

● 届く 도착하다.

우편물이나 소포 등의 어떤 물건이 도착했을 때 쓰는 말이다. 편하게 '오다'라고 해석하는 경우가 많은데, '오다'라는 뜻인 来る는 사람이 어떤 장소에 오는 경우나 버스 등이 정류장에 오는 경우에 쓴다. 또한 '손이 닿다'라고 할 때도 届く를 쓴다. 보통 아이들이 손대면 위험한 가전제품의 취급설명서에는 '子供の手が届かないところに置いてください'라는 말이 적혀 있다. 이 말은 '아이들 손에 닿지 않는 곳에 놔 주십시오.'라는 뜻이다.

● 役所 관청

일본에서는 '관청'을 役所라고 하는데, '구청'은 区役所라고 하고 '시청'은 市役所라고 한다. 한국에서 주로 쓰이는 청(庁)이라는 단어는 일본에서 건물 자체를 가리킬 때 쓴다. 즉, '시청(건물)'은 市庁舎라고 하고, '도청(건물)'은 都庁舎라고 한다.

● 両立 병행

이 말은 두 가지를 동시에 함께 한다는 의미로 '병행'이라는 뜻이다. 보통 육아와 일을 병행하는 사람이 많다. 그러나 평균적인 맞벌이 가정에서 어린이집이나 가족의 도움 없이 육아와 일 두 가지다 병행한다는 것은 쉽지 않다.

Theme 1. 주거형태

一戸建て(いっこだて) 단독주택

[다른 말로 一軒屋(いっけんや)라고도 한다]

マンション　맨션

[한국의 아파트에 해당하는 주거형태]

アパート　아파트

[목조로 만들어진 다세대 주택]

3階立て(がいだて)　3층 건물

ワンルーム　원룸

鉄筋(てっきん)コンクリート　철근 콘크리트

木造(もくぞう)　목조

Theme 2. 집의 구조

屋根(やね)지붕

庭(にわ) 마당

垣(かき) 울타리

玄関(げんかん) 현관

ドア 문

窓(まど) 창, 창문

天井(てんじょう) 천장

床(ゆか) 마루

壁(かべ) 벽

階段(かいだん) 계단

廊下(ろうか) 복도

バルコニー 발코니

部屋(へや) 방

居間(いま)・リビングルーム 거실

応接室(おうせつしつ)　응접실

台所(だいどころ)・キッチン　부엌

トイレ・お手洗(てあら)い　화장실

お風呂(ふろ)・風呂場(ふろば)욕실

● 사례금의 유례

礼金(れいきん)이라고 하는 '사례금'은 1923년에 관동대지진이 발생했을 때 처음 생겼다. 집들이 무너지거나 불에 타버려서 사람들이 살 곳이 없게 되자, 세입자들이 집주인에게 살게 해 줘서 고맙다는 표시로 주기 시작했다고 한다. 그런데, 정작 살 집이 넘쳐나는 지금도 여전히 집주인에게 사례금이란 것을 줘야 하니 세입자로서는 그저 생돈이 나가는 것이라 안타깝고 억울할 뿐이다.

● 引越(ひっこ)し貧乏(びんぼう) 이사 거지

일본에서는 한국의 전세처럼 보증금을 그대로 되돌려 받는 것은 거의 불가능하다. 일본의 보증금(敷金)은 집주인이 세입자가 집을 비운 후, 청소나 수리비용을 제하고 주기 때문이다. 즉 초기에 들어가는 비용이 많은 데 비해, 막상 이사를 갈 때는 받을 수 있는 돈이 얼마 되지 않기 때문에 이사를 자주했다가는 거지가 된다는 말이다.

● 公団住宅(こうだんじゅうたく) 공단주택

일본정부 산하의 특수법인이 운영하는 공공임대주택이다. 임대료는 좀 비싸지만 보증인은 물론이고 사례금, 중개료, 수수료 등을 일체 받지 않는다. 한가지 단점이라면 월세의 3배가 넘는 수입이 다달이 있음을 증명해야 하기 때문에 회사원이 아닌 유학생에게는 그림의 떡이다.

● 敷金(しききん)(보증금)과 礼金(れいきん)(사례금)

부동산을 돌아다니다 보면 보증금과 사례금이 0엔인 민간주택도 있다. 레오팔레스(レオパレス)의 경우는 월세가 약간 비싸지만 다른 비용이 일체 들어가지 않는다. 단 한 번에 6개월 또는 1년 치를 일괄적으로 납부를 해야 하는 단점이 있다. 반면에 레오팔레스와 다르게 매달 월세를 낼 수 있으면서도 보증금과 사례금이 들어가지 않는 경우는 어떨까? 이 경우는 아주 상태가 안 좋은 집이거나 보증금이 안 드는 대신 월세가 같은 수준의 집보다 훨씬 비싼 경우가 많다.

Theme 1. 식재료

味噌(みそ) 된장

醤油(しょうゆ) 간장

油(あぶら) 기름

かつおぶし 가다랭이포
[미소시루(된장국)를 끓이거나 음식의 간을 맞출 때 넣는 조미료]

唐辛子(とうがらし) 고추

にんにく 마늘

ねぎ 파

玉(たま)ねぎ 양파

じゃが芋(いも) 감자

さつま芋(いも) 고구마

卵(たまご) 계란

豆腐(とうふ) 두부

ほうれん草(くさ) 시금치

白菜(はくさい) 배추

にんじん 당근

きゅうり 오이

かぼちゃ 호박
[노란색의 늙은 호박]

Theme 2. 생선

さば 고등어

さけ・しゃけ 연어

さんま 꽁치

さわら 삼치

いか (생)오징어

するめ (말린)오징어

たこ 문어

いいだこ 낙지

かいばしら 조개

おび 새우

まぐろ 참치

あなご 붕장어

すずき 농어

たい 도미

はまち 방어

ひらめ 광어

● 賞味期限(しょうみきげん) 상미기한

일본에서는 '상미기한'과 '소비기한'은 약간 다른 말이다. 賞味期限(しょうみきげん)은 '맛있게 먹을 수 있는 기한'이라는 뜻이지 유통기한이 지난 것을 의미하지 않는다. '유통기한'을 의미하는 말로는 消費期限(しょうひきげん)이 있다. 이 말은 기한이 지나면 먹어서는 안 된다는 뜻이다. 일반적으로 먹는 상품은 대부분 賞味期限(しょうみきげん)으로 설정해 두고 있다.

● 目玉商品(めだましょうひん) 특매상품

손님의 주의를 끌기 위해 상점 앞에 파격적인 가격으로 내놓는 상품을 말한다. 경우에 따라서는 다른 가게보다 더 싸게 물건을 내놓기도 한다. 이 눈깔상품(?)을 얼마나 잘 선정해서 손님을 끌어들이느냐에 따라 상점의 매상이 달라진다.

● 日替(ひが)わり特売(とくばい) 당일 특매상품

요일에 따라 날마다 특별히 저렴한 가격으로 판매하는 상품이란 뜻이다. 여기서 日替(ひが)わり는 '날마다 바뀐다'는 뜻이다. 알뜰한 주부들은 아예 식단을 짤 때 요일별로 특매상품 위주로 짜는 경우도 있다. 이런 특매상품을 알려면 신문에 딸려오는 전단지(ちらし)를 보면 된다. 신문을 구독하지 않는 경우라도 가게 앞에 가면 전단지를 붙여 놓으므로 이를 참조해서 장을 보면 된다.

● お徳用(とくよう) 덕용상품

1개를 살 수 있는 가격으로 2개를 살 수 있는 상품을 말한다. 보통 슈퍼에서는 이 글자가 쓰여있는 스티커를 붙여놓는다. 다른 표현으로 お特(とく)라는 표현도 많이 쓰인다. 저렴한 가격이 책정되어 있어서 이 상품을 선택하면 이득이 된다는 뜻이다.

Theme 1. 메인 메뉴

牛丼 규동

牛焼肉鈍　소불고기 덮밥

[규동보다 고기가 두껍고 맛있다.]

豚キムチ丼　돼지고기 김치 덮밥

[김치가 들어 있어서 한국인 입맛에 잘 맞는다.]

豚丼　돼지고기 덮밥

牛すき鍋定食　소고기 스키야키 냄비 정식

牛焼肉定食　소불고기 정식

[불고기는 밥 위에 얹지 않고 따로 나온다.]

豚生姜焼き定食　돼지고기 생강구이 정식

Theme 2. 보조 메뉴

軒 (のき) : 처마

生野菜　サラダ 야채 샐러드

ポテトサラダ　감자 샐러드

お新香　오신코

[짠지 같은 절임 반찬]

玉子　계란

[일반적으로는 날달걀을 뜻한다.]

半熟玉子　반숙 계란

とん汁　돼지고기 된장국

[국물이 얼큰하고 시원하다]

焼魚定食　생선구이 정식

[아침에만 주문할 수 있는 메뉴]

● 空く 읽는 법

1. あく : 일반적으로 '비다'라는 뜻으로 쓰일 때

   空(あ)き地(ち) 공터

2. すく : 전철이나 교실과 같은 공간이 한적하거나, 배가 고플 때

   電車(でんしゃ)の中(なか)が空(す)いている。전철 안이 한적하다

   お腹(なか)が空(す)いている。배가 고프다

3. くう : 예외적으로 택시가 '빈 차'일 때

   空車(くうしゃ) 빈 차

4. から : 속이 텅텅 빈 상자, 병, 깡통 등을 가리킬 때

   空(から)の箱(はこ)

● '인기 있는 가게'를 나타내는 말

맛이 좋아서 인기 있는 음식점에는 손님이 끊이지 않는다. 이런 인기 있는 가게를 뭐라고 할까? 人気(にんき)のある店(みせ)? 아니다! 자연스러운 일본어 표현은 行列(ぎょうれつ)のできる店(みせ)라고 한다. 뜻은 '행렬이 생기는 가게' 즉, '손님들의 줄이 서는 가게'라는 뜻이다.

● 규동을 주문할 때

규동을 주문할 때 점원이 꼭 물어보는 말이 있는데, 그것은 바로 규동의 양(量)이다.

並(なみ)	보통	일반적인 밥 한 공기의 양
大盛(おおもり)	곱빼기	밥 한 공기에 반 정도를 더 넣은 양
特盛(とくもり)	특 곱빼기	곱빼기보다도 더 많은 양

Theme 1. 생활용품

おたま　국자

しゃもじ　주걱

包丁(ほうちょう)　식칼

まな板(いた)　도마

フライパン　프라이팬

マグカップ　머그컵

茶碗(ちゃわん)　밥그릇

鍋(なべ)　냄비

ゴム袋(ぶくろ)　고무장갑

ごみ袋(ぶくろ)　쓰레기봉투

トイレットペーパー　휴지

Theme 2. 가전제품

テレビ　텔레비전

冷蔵庫(れいぞうこ)　냉장고

洗濯機(せんたくき)　세탁기

電子(でんし)レンジ　전자레인지

炊飯器(すいはんき)　밥솥

ミキサー　믹서

掃除機(そうじき)　청소기

扇風機(せんぷうき)　선풍기

エアコン・クーラー　에어컨

ストーブ　스토브

パソコン　컴퓨터

● 100엔샵의 인기 비결

100엔샵에는 다양한 종류의 수많은 물건이 두루두루 갖추어져 있고, 값도 저렴하며 가지런하게 진열되어 있기 때문에 인기가 많다. 100엔샵이 이토록 큰 인기를 끌 수 있었던 것은 바로 체인점이었기 때문이다. 현재 인기 있는 100엔샵으로는 'キャンドゥ', '99+' 등이 있으며, 편의점 체인점인 '로손' 역시 100엔샵 사업에 뛰어들었다. 하지만 100엔샵 물건이 모두 좋다고 할 수는 없다. 쉽게 쓰고 버리거나 일시적으로 생활하기 위해서 필요하다면 100엔샵 물건을 사서 써도 괜찮지만, 장기간 제대로 쓸 물건은 일반 쇼핑몰에 가서 제값 주고 사는 편이 낫다. 역설적이게도 100엔샵이 인기를 끈다는 것은 싼 물건을 사서 생활을 꾸려가는 절박한 서민들이 그만큼 많다는 반증이기도 하다. 최근 들어서 먹거리 중심으로 100엔샵이 재편되는 것을 보면 이 사실이 더욱 분명해진다.

● 箸立て 젓가락 통

말 그대로 '젓가락을 세우는 것'이란 뜻이다. 일본인들은 남은 밥풀을 처리할 때 밥그릇을 입에 대고 젓가락으로 긁어먹을지언정 절대 숟가락은 사용하지 않는다. 단 카레라이스를 먹을 경우에는 숟가락을 쓴다.

● 3本 세 자루, 세 개

숫자 뒤에 쓰인 本은 물건의 개수를 세는 조수사이다. 물건에 따라 각각 뒤에 붙는 조수사가 다른데, 여기에 쓰인 本은 우산이나 볼펜과 같이 길이가 길고 가느다란 물건의 수를 셀 때 쓴다.

● 家電 가전제품

일본에서는 家電製品(가전제품)이라는 표현을 쓰지 않고, 줄여서 家電이라고 한다. 제품(製品)이라는 말을 넣고 싶다면 電化製品이라는 말로 써야 된다. 참고로, '생필품'은 生活必需品이라고 하는데, 이 말은 줄여서 쓰지 않는다.

Theme 1. 감기 증상

鼻(はな)づまり코막힘

鼻水(はなみず) 콧물

たん 가래

くしゃみ 재채기

咳(せき) 기침

高熱(こうねつ) 고열

頭痛(ずつう) 두통

目眩(めまい) 현기증, 어지러움

寒気(さむけ) 한기, 오한

Theme 3. 그 외의 증상

具合(ぐあい)が悪(わる)い 속이 안 좋다

体調無聊(たいちょうぶりょう) 몸 상태가 안 좋은 것

体調(たいちょう)を崩(くず)す 건강을 망치다

仮病(けびょう) 꾀병

胃(い)もたれ 소화불량

胃炎(いえん) 위염

吐(は)き気(け) 토할 것 같은 증상

痺(しび)れ 저림, 마비

挫(くじ)く・捻挫(ねんざ)する 삐다, 삐끗하다

足(あし)が吊(つ)る 다리에 쥐가 나다

Theme 2. 봄날 증상

だるい (몸이)나른하다, 늘어지다

眠(ねむ)い 졸리다

やる気(き)が出(で)ない 의욕이 안 생기다

元気(げんき)が出(で)る 힘이 나다

生(い)き生(い)きする 팔팔하다

息苦(いきぐる)しい 숨쉬기 힘들다

目(め)がかすむ 눈이 침침하다

涙(なみだ)が出(で)る 눈물이 나다

● 使い捨て 일회용

‘쓰고 버린다’는 뜻으로, 한번 쓰고 버리는 ‘일회용’으로 해석한다. 一回用(일회용)이라는 표현은 쓰지 않는다. 이 표현은 콘택트렌즈, 장갑, 마스크 등의 일회용 상품 앞에 붙여서 함께 쓰인다.

● 様々 가지각색

종류가 너무 많아서 여러 가지라는 뜻을 나타내는 말이다. 일반적으로는 ‘여러 가지’라는 뜻으로 色々라는 표현이 많이 쓰이고 있다. 様々는 그 종류의 다양성을 나타낼 때 쓰는 표현으로, 회화에서보다는 문장 속에서 많이 쓰는 편이다.

● 治る 병이 낫다.

한자 治(치)를 쓴 治る는 병이나 상처 등이 낫거나 고쳐진 경우에 쓰는데, 이것과 읽는 법은 똑같지만 한자 直(직)을 써서 直る라고 쓰면 고장이 난 물건을 고쳐서 수리가 된 경우에 쓰는 말이 된다. 참고로 治す는 ‘병을 고치다, 낫게 하다’라는 뜻이고 直す는 ‘물건을 고치다, 수리하다’는 뜻이다.

● 診てもらう 진찰을 받다.

보통 ‘병원에 간다’는 病院に行く라고 하지만, 생활 속에서는 お医者さんに診てもらう라는 표현도 많이 쓰인다. ‘의사선생님에게 진찰을 받다’는 뜻인데, 여기서 ‘의사’라는 단어는 医者라고 표현한다. 醫師(의사)라는 말은 문장체 표현으로 회화에서는 쓰지 않는다.

Theme 1. 침구류

布団(ふとん) 이부자리

Tip 掛(か)け布団(ふとん)덮는 이불

敷(し)き布団(ふとん)까는 이불

枕(まくら) 베개

毛布(もうふ) 모포, 담요

ひざ掛(か)け 무릎덮개

クッション 쿠션

Theme 2. 가구

ベッド 침대

Tip シングル 싱글

ツイン 트윈

ダブル 더블

たんす 장롱

洋服(ようふく)たんす 옷장

ハンガー 행거, 옷걸이

ソファー 소파

テーブル 테이블

本棚(ほんだな) 책장

食器棚(しょっきだな) 찬장, 식기장

Theme 3. 경제용어

経済(けいざい) 경제

物価(ぶっか) 물가

上回(うわまわ)る 상회한다

下回(したまわ)る 밑돈다

好景気(こうけいき) 호경기

不景気(ふけいき) 불경기

伸(の)び悩(なや)む・横(よこ)ばいをする (판매 등이)주춤하다

● 老若男女(ろうにゃくなんにょ) 남녀노소

일본어는 한국어와 어순이 같지만 한자의 순서가 뒤바뀌어 쓰이는 경우도 많다. 가장 대표적인 것이 바로 '남녀노소'다. 일본어에서는 '노약남녀'와 같이 한자의 순서가 다르다. 다른 예를 들어보면, '약혼'도 일본어에서는 婚約(こんやく)(혼약)이라고 쓴다. 참고로, 한자는 같지만 뜻이 다른 말도 있는데 '팔방미인'이 바로 그렇다. 일본어로도 八方美人(はっぽうびじん)이라고 하는데 '다재 다능한 사람'이라는 뜻이라기 보다는 이것저것에 관심이 많아서 참견하기를 좋아하는 사람을 뜻하는 말이다.

● 布団(ふとん) 이부자리

1. 이불을 털다.

   이불 등을 두드려서 먼지를 털 때는 叩(はた)く라는 표현을 쓰는데 이 동사는 일반적으로 叩(たた)く라고 읽는다. 막대기와 같은 도구를 이용하여 뭔가를 치거나 두드린다는 뜻으로 쓰인다.

2. 이불을 말리다.

   이불이나 빨래를 널어서 말릴 때는 干(ほ)す라는 표현을 쓰는데, 물건의 습기나 물기 등을 없애서 말리거나 건조시킨다는 뜻으로 쓸 때는 乾(かわ)かす라는 표현을 쓴다.

● うなぎ上(のぼ)り 매출이 껑충 뜀

직역하면 '장어가 뛰어오르다'라는 뜻으로, 매출이 장어처럼 펄떡 뛰어오른 경우에 쓰는 표현이다. 보통 '매출이 껑충 뜀' 또는 '매상이 훌쩍 오름'이라고 해석한다. '인기'가 폭발적으로 올라가는 경우도 うなぎ上(のぼ)り를 쓰며, 좋은 이미지에 한해서 사용한다. 물가가 폭등한다고 할 때는 高騰(こうとう)라는 표현을 쓴다.

Theme 1. 겨울

手袋(てぶくろ) 장갑

マフラー 머플러, 목도리

ヒーター 히터

懐炉(かいろ) 난로

灯油(とうゆ) 등유

ガスストーブ 가스 스토브

電気毛布(でんきもうふ) 전기담요

雪(ゆき)だるま 눈사람

つらら 고드름

かじかむ (손,발)이 시리다

大雪(おおゆき) 폭설

雪崩(なだれ) 눈사태

風邪(かぜ)をひく。감기에 걸리다

湯(ゆ)たんぽ베개 크기의 난방용품

[잠을 잘 때 쿠션처럼 끌어안고 잔다]

床暖房(ゆかだんぼう) 바닥 난방

[우리나라의 '온돌'에 해당하는 것]

Theme 2. 연말

お歳暮(せいぼ) 연말선물

年末(ねんまつ)ジャンボ宝(たから)くじ 연말점보복권

年越(としこ)しそば 토시코시 소바

[해를 넘기는 국수라는 뜻으로, 한해를 마무리하고 다가오는 새해를 기원하기 위해 먹는다]

紅白歌合戦(こうはくかがっせん) 홍백노래대전

[12월 31일에 NHK에서 열리는 가요대전]

大晦日(おおみそか) 오미소카

[12월 31일을 가리키는 말로, 보통 온가족이 모여 年越(としこ)しそば를 먹으면서 紅白歌合戦(こうはくかがっせん)를 본다]

年末大掃除(ねんまつおおそうじ) 대청소 연말 대청소

[한해를 마무리하는 의미의 청소로, 가정은 물론이고 직장에서도 한다]

年賀(ねんが)はがき 연하엽서

[엽서마다 복권번호가 적혀있으며, 새해에 추첨을 해서 경품을 준다]

年賀状(ねんがじょう) 연하장

[연말 우체통에는 연하장 넣는 곳이 따로 마련되어 있다]

● クリスマス難民(なんみん) 크리스마스 난민

버블경기 때 사회에 돈이 넘쳐나면서 크리스마스가 되면 좋은 호텔로 예약하고 애인과 그곳에서 하루를 보내는 것이 유행이었다. 이 말은 그때를 상징하는 말이기도 한데, 크리스마스 무렵이 될 때까지 연인이 없어서 크리스마스 이브와 당일에 홀로 외롭게 지내는 사람을 가리키는 말이다. 마치 '난민'처럼 가엾고 불쌍한 사람이라는 뉘앙스를 풍기는 말이다. 일본인들 지갑이 얇아지면서 요즘에는 잘 안쓰이는 말이다. 하지만 '난민'이라는 표현은 계속 살아남아 2007년부터 '인터넷카페난민'이라는 말이 유행하기도 했다.

● ~代(だい) ~요금

원래 '요금'은 料金(りょうきん)이라고 하는데, 회화에서는 代(だい)를 써서 '~세, ~비'라고 해석하며 '요금'의 뜻을 대신한다. 이 말은 주로 공공요금이나 교통요금에 쓰인다.

電気代(でんきだい)	전기요금	水道代(すいどうだい)	수도요금
電話代(でんわだい)	전화요금	ガス代(だい)	가스요금
バス代(だい)	버스요금	電車代(でんしゃだい)	전철요금

● 雪国(ゆきぐに) 설국

가와바타 야스나리의 유명한 소설 제목이기도 하며, ゆきぐに라고 읽는다. 원래 '국(國)'은 くに라고 하지만, 단독으로 쓰이지 않고 뒤에 연결될 때는 발음을 부드럽게 연결하기 위한 '연탁현상'에 의해 탁음을 붙여서 ぐに라고 발음해야 한다. 참고로, 国(くに)는 '나라'라는 뜻도 있지만 '지방'이라는 뜻으로도 쓰인다. 그 이유는, 메이지 유신 전까지 일본의 각 지역이 하나의 국가처럼 나누어져 있었기 때문이다.

● こたつ 코타츠

일본의 대표적인 실내 난방기구이다. 앉은뱅이 테이블 안쪽에 전기난로를 달아놓은 것으로, 위에는 두꺼운 이불을 덮어서 열이 바깥으로 새어나가는 것을 막는다. 약 두 세명 정도 들어가면 거의 자리가 없다. 그럼에도 불구하고, 실내가 춥다 보니 한번 들어가면 나오지 않고 그곳에서 식사, 독서, 잡담, 텔레비전 시청 등의 모든 실내 활동을 한다.

Theme 1. 가격닷컴

キーワード検索(けんさく) 키워드 검색

プロバイダ 인터넷 가격 비교

ホビー(hobby) 취미

人気(にんき)ランキング 인기 랭킹

[주로 1~3위까지 보여주며, 고객 추천이 높은 제품이라면 믿고 구입해도 된다]

レビュー 리뷰

[제품을 구매해서 사용해 본 사람들이 평가한 것으로, 점수가 높은 순으로 순위가 매겨진다]

店頭(てんとう) 상점가격

同価(どうか) 동일가격

[이 표시가 없는 경우는 좀 더 비싼 가격에 사야 한다.]

口(くち)コミ 사용 후기

[소비자들이 제품에 대한 질문과 답변을 올릴 수 있는 게시판]

送料(そうりょう)우송료

[상점에 따라서는 무료인 경우도 있다]

代金引(だいきんひ)き換(か)え 후불제

銀行振(ぎんこうふ)り込(こ)み 은행송금

[매장 계좌로 돈을 입금하는 것]

Theme 2. 대형 양판점

ポイント 포인트

還元(かんげん) 환원

限定(げんてい) 한정판매

タイムセール 타임세일

販売員(はんばいいん) 판매원

チラシ 전단지, 홍보물

期間限定(きかんげんてい)キャンペーン 기간한정 캠페인

承(うけたま)ります주문을 받습니다

配達(はいたつ) 배달, 배송

品揃(しなぞろ)え 상품이 모두 구비되어 있음

● メイドバー 메이드 바

주로 음료수와 식사를 할 수 있는 카페 겸 음식점을 말하는데, 젊은 여성 종업원들이 주문을 받고 음식을 서빙한다. 즉 メイド(메이드)는 '시중을 드는 하녀'라는 뜻으로, 메이드 바의 주인은 찾아온 손님인 것이다. 다시 말해서, 이곳에서는 여종업원이 하녀가 되어 손님을 주인님으로 모시는 독특한 컨셉트의 음식점이다.

● 撮影会(さつえいかい) 촬영모임

애니메이션에 나오는 캐릭터들과 똑같은 분장과 복장을 하고 다니는 코스프레(コスプレ)의 촬영모임에는 참가비를 지불해야 한다. 물론 모델로 참가하는 사람은 무료로 촬영할 수 있다.

● オフ会(かい) 오프라인 모임

속칭 '번개'라고 부르는 온라인이 아닌 오프라인에서의 모임을 가리키는 말이다. オフカイ라고 가타카나로 쓰기도 한다. 참고로, 인터넷 포털 사이트의 '카페'를 일본어로는 コミュニティー라고 한다. 대표적인 포털 사이트로는 mixi(ミクシィ)가 있다.

● フィギュア 피규어

애니메이션에 등장한 캐릭터를 축소하여 플라스틱으로 만든 인형을 가리키는 말로, 그 정교함 때문에 가격이 굉장히 비싸다. 아키하바라에는 이 피규어만 취급하는 전문점들이 꽤 많다. 참고로, 인형은 人形(にんぎょう)라고 하고, 천으로 만든 동물이나 캐릭터 등의 봉제인형은 ぬいぐるみ라고 한다.

Theme 1. 온천에서

タオル 타올, 수건

[온천에 갈 때는 수건을 챙겨가야 한다. 수건이 없으면 별도 요금을 낸다.

タオルを借(か)りる 수건을 빌리다

お湯(ゆ) 탕

寝風呂(ねふろ) 누워서 온천을 즐길 수 있도록 만들어 놓은 탕

日帰(ひがえ)り温泉(おんせん) 당일치기 온천

お風呂(ふろ)に入(はい)る 욕탕에 들어가다

お風呂(ふろ)を沸(わ)かす탕을 데우다

体(からだ)を癒(いや)す 몸을 편하게 하다

マッサージを受(う)ける 마사지를 받다

サウナ 사우나

[サウナ風呂(ふろ)라고도 한다]

Theme 2. 목욕용품

せっけん 비누

シャンプー 샴푸

リンス 린스

バスソープ 목욕비누

スポンジ 스펀지

垢(あか)すり 때수건

化粧水(けしょうすい) 스킨

ローション 로션

くし 빗

かみそり 면도기

爪切(つめき)り 손톱깎이

入浴剤(にゅうよくざい) 입욕제

● 露天風呂(ろてんぶろ) 로텐부로

'로텐부로'라는 말은 얼핏 들으면 프랑스어 같은 어감이 나지만 순수한 일본어 표현이다. 하늘을 올려다 볼 수 있도록 야외에 개방되어 있는 온천을 말한다. 이 노천탕이야말로 지방 온천이 가지고 있는 특권이다. 도쿄 근교에서 로텐부로 온천을 즐길 수 있는 지역은 두 군데 있다. 하코네(箱根)는 산 중턱에 있는 아시노코 호수 및 후지산을 바라볼 수 있다는 매력이 있으며, 이즈반도(伊豆半島)는 태평양을 바라보면서 온천을 즐길 수 있다는 것이 매력적이다.

● 旅館(りょかん) 료칸

한자로 '여관'이라고 하지만, 우리나라의 여관과는 전혀 다르다. 일본의 '료칸'은 호텔과는 달리, 일본의 냄새가 물씬 풍기는 전통 있는 고급 숙박업소라고 할 수 있다. 몇 대째 이어져 내려오는 곳도 많다. 다다미로 된 일본식 방에, 그 지방 특산물로 요리한 음식이 제공되며 온천도 마련되어 있다. 대부분 저녁식사와 아침식사를 포함한 금액을 숙박료로 받는다. 여관에 따라서는 유서 깊은 문화재를 보유하고 있는 경우도 있다.

● 昭和時代(しょうわじだい) 쇼와시대

쇼와시대는 일왕 히로히토(裕仁)가 살아 있던 시대로 일반적으로는 1926년부터 1989년까지를 가리키지만, 실제로 1950년대부터 70년대에 이르는 고석경제성장기를 뜻하는 경우가 많다. 이 시기는 일본이 급격하게 변화·발전하는 시기이기도 했으나, 전통적이고 익숙한 풍경이 사라져가는 때이기도 했다. 그만큼 이 시대에 대한 향수도 크다. 현재 일본에서 정년퇴직을 하는 사람들이 바로 이런 쇼와시대를 떠받쳤던 단카이 세대(団塊世代)다. 이제 일본사회의 노년층으로 접어드는 이 세대가 소박했던 쇼와시대를 그리워하는 것은 어찌보면 당연한 일!

Theme 1. 새해 인사

年明(としあ)け　새해

あけましておめでとうございます。
　새해 복 많이 받으세요

今年(ことし)もよろしくお願(ねが)いします。

올해도 잘 부탁드립니다

よいお年(とし)を　연말 잘 보내세요

お年玉(としだま)　새뱃돈

旧暦(きゅうれき)　음력

[일본에서는 陰暦(음력)이라는 한자를 쓰지 않는다.]

Theme 2. 신사에서

お守(まも)り　부적

[의례 신사에 가면 하나씩 있다]

おみくじ　점을 보는 것

[운세를 재미삼아 보는 것으로, 다 본 뒤에는 매달아둔다]

吉(きち)　길

[운세가 좋다는 뜻]

凶(きょう)　흉

[운세가 나쁘다는 뜻]

参拝(さんぱい)　참배

ひしゃく　물을 뜨는 도구

[신사 입구에 있는 약수터에 있으며, 물은 마시지 않고 입만 헹군다]

絵馬(えま)　신에게 기원할 내용들을 적어서 걸어두는 것

巫女(みこ)　신관을 보좌하면서 신사의 행사를 돕는 여자

厄年(やくどし)　인생이 바뀌는 나이

[남자는 25세, 42세, 61세이며,
여자는 19세, 33세, 37세이다]

厄払(やくはら)い　액막이

[액년에 해당하는 나이가 된 사람이 행하는 것]

● 神社(신사)와 神宮(신궁)

본질적으로는 두 가지 모두 신사(神社)에 해당한다. 하지만, 깊이 들어가 그 차이를 말한다면 바로 격(格)의 차이가 있다고 할 수 있다. 일반적인 신을 모신 곳은 신사(神社)라고 하지만, 일본 천황이나 학문의 신 등을 모신 곳은 궁(宮)으로 승격된다.

● 初詣 하츠모데

새해가 되면 동네마다 하츠모데를 하러 오라는 신사의 벽보가 붙는다. 이렇게 신사가 적극적으로 광고를 하는 이유는, 하츠모데가 대목 장사이기 때문이다. 손님들이 신사에 와서 동전을 던지며 기원하고, 부적도 사고 점을 보기도 하니까, 손님들이 많이 오면 올수록 신사 측 매상이 올라가는 건 당연한 일이다.

● 太平洋戦争 태평양전쟁

제2차 세계대전 당시에 일본이 미국의 진주만(眞珠灣)을 기습 공격하면서 발발한 전쟁이다. 일본 우익 측에서는 이 전쟁을 대동아전쟁(大東亜戦争)이라고 부른다. 대동아전쟁이란 자신들이 사운 전쟁이 아시아를 위한 것이었고, 이 전쟁을 일으키지 않았다면 여러 아시아들이 식민지 상태에서 해방되지 않았을 거라는 궤변을 담고 있다. 길게 이야기할 것 없이 한 가지만 확실하게 해두자. 이 전쟁으로 아시아 사람들이 2,000만 명이나 목숨을 잃었다는 사실이다.

● 神様(신님) · 仏様(부처님) · 李スンヨップ様(이승엽님)

요미우리 자이언츠(読売ジャイアンツ)에 소속된 야구선수 이승엽이 경기에서 결정적인 한방을 때려줬을 때, 일본인들은 그를 가리켜 '神様, 仏様, 이승엽様'라고 표현했다. 예를 들어 A라는 사람이 정말 대단한 일을 해냈다면, '신님, 부처님, A님'이라고 세 가지 칭호를 나란히 부르는 것이다. 이렇게 함으로써 '신'이란 뜻의 神様와 '부처'란 뜻의 仏様와 A라는 사람을 동격으로 놓고 생각할 만큼 존경한다는 말이 된다. 이 표현은 일본에서 어떤 사람에게 할 수 있는 최고의 칭찬을 의미한다. 또한 이 말은 신과 부처와 사람이 같은 레벨에 오를 수 있다는 일본인들의 종교관념을 잘 나타내는 말이기도 하다.

Theme 1. 만화

漫画家(まんがか) 만화가

原稿(げんこう)원고

まんが雑誌(ざっし) 만화잡지

[만화에 대한 광고일 뿐, 실제 수익은 단행본이 올린다]

単行本(たんこうぼん) 단행본

連載(れんさい) 연재

人気作品(にんきさくひん) 인기작품

リサイクル 리사이클

Theme 2. 애니메이션

アシスタント 어시스턴트

[만화 제작에 필요한 인력, 아르바이트로 고용한다.]

アニメ 애니메이션

[アニメーション의 준말]

アニメーター 애니메이터

セル 셀

[지금은 종이 그대로 스캔하므로 필요 없게 되었다]

仕上げ 채색

[원래는 '마무리'라는 뜻이지만, 애니메이션에서는 채색이 완전히 끝나야 마무리가 되는 것이기 때문에 '채색'이라는 의미로 쓰인다]

作画(さくが) 작화

[애니메이션을 그리는 일]

演出(えんしゅつ) 연출

絵(え)コンテ 그림 콘티

● 유명한 만화책

鉄腕アトム	철완 아톰	銀河鉄道999	은하철도 999
ドラゴンボール	드래곤볼	スラムダンク	슬램덩크
北斗の拳	북두신권	シティーハンター	시티헌터
ナルト	나루토	どらえもん	도라에몽
ワンピース	원피스	島課長	시마과장
デスノート	데스노트	名探偵ユナン	명탐정 코난

● 유명한 애니메이션

未来少年ユナン	미래소년 코난
新世紀エヴァンゲリオン	신세기 에반게리온
蛍の墓	반딧불의 묘
風の谷のナウシカ	바람계곡의 나우시카
となりのトトロ	이웃집 토토로
天空の城ラピュタ	천공의 성 라퓨타
魔女のっ宅急便	마녀 배달부
耳をすませば	귀를 기울이면
もののけ姫	원령공주
平成狸合戦ぽんぽこ	헤세 너구리대작전 폼포코
千と千尋の神隠し	센과 치히로의 행방불명
猫の恩返し	고양이의 보은
ハウルの動く城	하울의 움직이는 성
ゲド戦記	게드 전기
機動警察ペトゥレイボ	기동경찰 페트레이버
甲殻機動隊	공각기동대
ポケットモンスター	포켓몬스터[줄여서 (ポケモン)이라고도 한다]

Theme 1. 드라마

連(れん)ドラ 연속극

[連続(れんぞく)ドラマ의 준말]

伝統枠(でんとうわく) (고정 시청자가 있는) 방송 시간대

キャスト 캐스팅

主演(しゅえん) 주연

タレント 탈렌트

俳優(はいゆう) 배우

脚本(きゃくほん) 각본, 대본

台詞(せりふ) 대사

平均視聴率(へいきんしちょうりつ) 평균 시청률

テルビ局(きょく) 방송국

続編(ぞくへん) 속편

ティーソのマーケット 10대 마켓

ターゲット 타겟

絞(しぼ)り込(こ)み 타겟 정하기

[원래 뜻은 '압축하다. 쥐어짜다']

Theme 2. 버라이어티

お笑(わら)い芸人(げいにん) 개그맨, 코미디언

漫才(まんざい) 2인 콩트

[개그맨 2명이 나와 서로 말을 주고 받는다]

ボケ役(やく) 보케

[횡설수설하면서 이야기를 이끄는 역으로, 늘 '츠코미'에게 당한다]

つっこみ役(やく) 츠코미

['보케'를 깔아뭉개면서 웃음을 주는 역으로, '보케'의 말을 듣고 있다가 분위기를 띄우기 위해 한마디씩 던진다]

ネタ 소재

[코미디의 이야깃거리]

クイズ 퀴즈

ゲスト 게스트, 손님

ゴールデンタイム 골든 타임

[시청자들이 가장 많이 시청하는 시간대]

司会(しかい) 사회자

ギャラ 보수, 개런티

[ギャランティ의 준말]

吉本興業(よしもとこうぎょう) 요시모토 흥업

[일본 연예계에서 무소불위의 권력을 가진 최대 규모의 연예인 소속사, 버라이어티 쇼를 진행하는 유명 개그맨들 대부분이 이곳에 소속되어 있다]

● 月9(げつく)

후지테레비(フジテレビ)에서 매주 월요일 밤 9시에 방영하는 드라마를 가리키는 말로, '월요일'을 뜻하는 げつ(月)와 '아홉'을 뜻하는 く(9)를 합친 말이다. 1990년대 초에 방영되었던 드라마 '도쿄 러브스토리(東京ラブストーリ)의 대히트 이후 일본의 젊은이들이 좋아하는 트렌드 드라마의 시간대를 말한다. 요즘 '일드'라고 부르는 일본 드라마의 매니아들도 드라마를 고를 때는 우선적으로 게츠쿠를 검색해서 찾는 것이 기본이 되었다. 따라서, 계절별로 방송 개편이 있을 때 어떤 드라마가 게츠쿠에 등장할까 하는 것이 드라마 팬들에게는 초미의 관심사다

● コマーシャル(CM) 광고, 선전

우리나라에서는 프로그램이 시작하기 전과 끝난 후에 광고가 나오지만, 일본에서는 뉴스, 드라마, 버라이어티 쇼 등의 모든 프로그램의 방송 도중에 광고가 나온다. 한 시간짜리 프로그램이라면 보통 3번 정도 프로그램 중간에 광고가 들어간다. 내용의 흐름상 가장 궁금한 시점에 광고가 들어가므로 광고 효과는 크지만 시청자로서는 짜증나고 피곤할 따름이다. 일본 방송이 극도로 재미를 추구하는 이유도 이 CM 때문이라고 앞서 언급했다. NHK는 시청료를 받고 있기 때문에 광고가 나가지 않는다. 따라서 시청률에 연연하기 보다는 교양 전달이나 다큐멘터리 등 다양한 프로그램을 방영한다. 자극적인 민영 방송과 다르게 차분한 느낌이 나서 그런지 NHK의 주 시청자는 고령자가 많다.

● SMAP X SMAP 스마스마

일본의 버라이어티 프로그램 중에서 11년 동안이나 부동의 시청률 1위를 기록하고 있는 후지테레비의 대표적인 버라이어티 프로그램이다. 인기 그룹인 스마프(SMAP)가 진행하는 프로그램으로, 줄여서 '스마스마(スマスマ)'라고 부른다. 게츠쿠가 끝난 이후인 월요일 밤 10시부터 방영된다. 한류스타로 유명한 최지우, 이영애 등도 이 프로그램에 출연했다.

Theme 1. 불꽃놀이

レジャーシート 레저시트

[야외에 나갔을 때 깔고 앉는 돗자리]

爆竹(ばくちく) 폭죽

打上(うちあ)げる 쏘아 올리다

手作業(てさぎょう) 수작업

[불꽃놀이에 쓰이는 폭죽은 전부 손으로 만든다]

金魚(きんぎょ)すくい 금붕어 뜨기

[마츠리 때 빼놓을 수 없는 행사. 100엔을 내면 금붕어를 건지는 만큼 가져갈 수 있는데, 채가 약해서 몇 마리 건지지 못한다]

Theme 2. 포장마차

焼(や)きそば 야키소바

[여러 가지 야채를 넣고 간장 소스로 볶아서 먹는 국수]

たこ焼(や)き 타코야키

[일종의 풀빵으로, 속에 잘게 자른 문어가 들어 있다]

かき氷(ごおり) 빙수

[빙수 위에 팥, 딸기, 메론 등의 과일맛 시럽을 뿌린다]

お神輿(みこし)(마을의 신을 모신) 가마

[신사를 중심으로 마을을 한바퀴 돈다]

太鼓(たいこ) 북

[마츠리 때 분위기를 돋우기 위해 친다]

Theme 3. 추석

里帰(さとかえ)り 귀향

故郷(ふるさと) 고향

[国(くに)라고도 한다]

お墓参(はかまい)り 성묘

● 花火大会 불꽃놀이 대회

일본인들은 대회 여는 것을 좋아해서 大会라는 말을 즐겨 쓴다. 예를 들면, 최근 가장 인기 있는 대회는 大食い大会(많이 먹기 대회)이다. 하지만 직장에서 가끔 열리는 '체육대회'는 スポーツ大会(스포츠대회)라는 표현을 쓴다.

● かける 힘차게 달리다

일반적으로 '달리다'는 走る라고 하지만, '뛰어 넘는다'와 같이 좀더 활동적이고 역동적으로 달릴 때는 かける라는 말을 쓴다. 그래서, 전철의 '급승차'도 かけ込み乗車라고 한다.

● 早いもの勝ち 선착수

마츠리나 불꽃놀이와 같이 사람들이 많이 모이는 곳에서는 자리를 잡거나 뭔가를 살 때 선착순으로 결정되는 경우가 많다. 실생활에서 '선착'순이란 말을 하고 싶을 때는 한자 그대로 先着順이라고 쓰기보다, 早いもの勝ち라는 표현을 주로 쓴다. 즉, '재빠른 놈이 장땡'이라는 뜻!

● 盆踊り 봉오도리

이것은 저승으로 떠난 영혼을 잠시 이승으로 불러 후손들과 함께 춤을 추고 다시 저승으로 보내는 불교 행사에서 유래된 것으로, 요즘에는 그저 무더운 한여름을 동네 주민들과 함께 시원하게 보내자는 목적으로 행해진다. 이 행사는 따로 유명한 지역이 있다기보다는 일본 어디를 가든 7월 하순부터 8월 중순에 걸쳐 가까운 공원이나 초등학교 운동장에서 열린다. 춤을 추면서 탑 주위를 빙글빙글 도는 것이 일반적이지만, 퍼레이드 형식으로 행해지는 곳도 있다. 바로 유명한 아와오도리(阿波躍り)다. 도쿠시마(徳島)가 발상지로, 해마다 도쿄의 고엔지(高円寺)에서 열려 큰 인기를 끌고 있다.

Theme 1. 이자카야

焼(や)き鳥屋(とりや) 꼬치구이 술집

おでん屋(や) 오뎅 술집

炉端焼(ろばたや)き 로바타야키

[상 가운데에 화로를 걸어 놓고 직접 안주를 구워 먹으며 술을 마시는 곳, 홋카이도가 발생지]

チェーン店(てん) 체인점

Theme 2. 안주

鳥皮(とりかわ)닭 껍데기

砂(すな)ずり닭똥집

鳥身(とりみ) 닭 살코기

つくね 고기 튀김

[닭고기나 어육을 둥글게 빚어 튀긴 것]

手羽先(てばさき) 닭 날개

きも 간

なんこつ 연골

うずらベーコン 메추리 알 베이컨

枝豆(えだまめ) (가치채 꺽은) 콩

[보통 소금을 발라서 내놓는다]

たこわさび (와사비 곁들인) 문어

ししゃも 바다 빙어

げぞ 오징어 다리

ほたて 가라비

貝柱(かいばしら) 조개관자

肉(にく)じゃが 감자고기볶음

肉(にく)ピーンマン 피망고기 볶음

青(あお)しそ巻(ま)き 푸른 차조기 말이

椎茸(しいたけ) 표고버섯

銀杏(ぎんなん) 은행

じゃがバク 버터감자볶음

とおもろこし 옥수수구이

馬刺(ばさし) 말고기 회

[구마모토(熊本)의 대표 음식]

さんま塩焼(しおや)き 꽁치 소금구이

豚足(とんそく)돼지 족발

牛(ぎゅう)タンテキ 소 혓바닥 스테이

● 居酒屋의 유래

에도시대 때 술만 판매하는 가게를 사카야(屋)라고 불렀다. 이런 사카야 중에서 안주와 함께 그 자리에서 술을 마실수 있는 곳이 생겨나게 되었다. 이렇게 술까지 마실 수 있는 곳을 기존의 '사카야'와 구별하기 위해 이자카야(居酒屋)라고 부르기 시작한 것에서 유래된다. 한자 그대로 사람이 있는(居る) 술집(酒屋)인 셈이다. '이자카야'라고 하면 1970년대까지는 남성 샐러리맨들이 니혼슈(日本酒)를 마시는 곳이라는 인상이 강했다. 그러나 1980년대를 기점으로 '이자카야'가 체인점화되면서 여성 고객의 취향에 맞추어 사와, 츄하이, 와인 등의 알코올 도수가 낮은 부드러운 술을 팔게 되자, 요즘에는 누구나 쉽게 술을 즐길 수 있는 대중적인 장소로 애용되고 있다. 대표적인 이자카야 체인점으로는, '시라키야(白木屋)' · '텐구(天狗)' · '와타미(和民)' · '와라와라(笑笑)' · '아마타로(甘太郎)'가 있다.

● 正宗 정종

한국에서 청주하면 '정종'이 유명한데, 이것은 정작 '마사무네(正宗)'라고 하는 일본 청주의 한 브랜드일 뿐이다. 그러므로, '정종'이 아니라 '청주'라고 부르는 것이 맞다.

● サワ 사와

サワ라는 것은 영어로 sour를 가타카나로 옮긴 말로, 증류수에 주스와 설탕을 섞은 알코올음료를 가리킨다. 반면, ハイ(하이)는 영어 highball을 줄여서 가타카나로 옮긴 말이다. 위스키에 소다수를 넣은 칵테일을 말하는데, 위스키 대신 소주를 넣다보니, '소주'를 뜻하는 말인 焼酎를 앞에 붙여서 焼酎ハイ라고 불렀다. 그나마 이것도 짧게 줄여서 일상적으로 쓰는 말은 ちゅうはい다. 1980년대에 '츄하이 붐'이 일어나면서 '사와'에도 소다수를 넣게 되어, 현재는 '사와'와 '하이'의 구분이 거의 없어지게 되었다.

● あつかん 아츠칸

니혼슈(日本酒)를 겨울에 마실 때, 따뜻하게 데워서 내놓는 술을 가리킨다. 도쿠리(徳利)라고 하는 작은 도자기 술병에 넣어서 내놓는다. 여름에는 히야(冷)라고 해서 차갑게 냉장시킨 술을 컵에 담아서 내놓는데, 술집에 따라서는 나무로 만든 잔(ます)에 담아 내놓는 경우(枡酒)도 있다.

Theme 1. 패스트푸드

ハンバーガー 햄버거

チーズバーガー 치즈버거

テリヤキバーガー 데리야키버거

えびバーガー 새우버거

フライドポテト 감자튀김

ナゲット 너겟

コーンスロー 콘슬로우

スパゲッティ 스파게티

ピザ 피자

チキン 치킨

サンドイッチ 샌드위치

ドーナツ 도너츠

ショットケーキ 조각 케이크

Theme 2. 패밀리 레스토랑

おかわり自由(じゆう) 리필 자유

大盛(おおも)り 곱빼기

[물론 가격이 50~100엔 더 비싸다]

大食(おおぐ)い 대식가

立(た)ち食(ぐ)い 서서 먹는 것 또는 그런 식당

セットメニュー 세트 메뉴

単品(たんぴん) 단품

[한가지 메뉴를 가리키는 말]

● おかわり 리필

일본의 텔레비전 CF를 보면 반찬이나 카레 광고를 많이 하는데, 그때 아이들이 엄마에게 꼭 하는 말이 있다. 'お母(かあ)さん, おかわり' 이 말은 '엄마, 한 그릇 더!'라는 뜻인데, 밥은 다 먹었으니까 빈 그릇을 채워서 한 그릇 더 달라는 말이다. 즉, '리필'이란 뜻이다. 일본의 돈가스 전문점에 가면 밥과 된장국은 공짜로 더 먹을 수 있다.

● ドリンクバー 드링크 바

일본의 음식점은 대부분 리필이 불가능하다. 리필에 한이 맺힌 사람이라면 패밀리 레스토랑을 가시라, 패밀리 레스토랑에 가서 '드링크 바'를 시키면 음료수는 무한정 리필해서 마실 수 있다. 다른 음식을 시킬 때 같이 시키면 180엔, 드링크 바만 시키면 280엔 정도가 든다. 이곳에서는 시원한 음료수는 물론이고, 따듯한 차 종류까지 마음껏 마실 수 있다. 콜라나 커피를 몇 잔이고 마시면서 시간을 보내고 싶은 사람이라면 패밀리 레스토랑으로 가야 한다.

● 흡연과 관련된 대화문

おたばこ、吸(す)いになりますか

담배, 피우십니까?

禁煙席(きんえんせき)と喫煙席(きつえんせき)ｔ、どちらですか。

금연석과 흡연석 중에서 어디로 하시겠습니까?

禁煙席(きんえんせき)はもう満席(まんせき)になっております。

금연석은 이미 만석이 되었습니다.

喫煙席(きつえんせき)でも構(かま)わないなら、すぐご案内(あんない)できますが

흡연석이라도 괜찮으시다면, 바로 안내해 드릴 수 있습니다만.

すみませんが、灰皿(はいざら)をお願(ねが)いします。

죄송합니다만, 재떨이 좀 가져다주세요.

Theme 1. 일본음식

刺身(さしみ) 생선회

寿司(すし) 생선초밥

焼き物(やきもの) 구이

[석쇠, 철판, 꼬챙이 등에 굽는 요리]

Tip 塩焼き(しおやき) 소금구이

照り焼き(てりやき) 간장구이

白焼き(しらやき)(양념 없이) 굽는 것

吸い物(すいもの) 국, 장국

[주로 된장을 풀어서 만드는 국]

酢の物(すのもの) 초무침

[설탕, 식초, 간장 등으로 새콤하게 무친 것]

煮物(にもの) 조림

[다시마나 가다랭이포 국물에 고기, 생선, 야채 등을 넣어 조린 것]

漬物(つけもの) 절임

[소금으로 간을 맞춘 일본식 김치로, 보통 무, 가지, 오이 등으로 만든다]

ざるそば 메밀국수

うどん 우동

すきやき 스키야키

しゃぶしゃぶ 샤브샤브

お好み焼き(おこのみやき) 오코노미야키

[일본식 부침개로, 오사카가 본고장]

たい焼き(たいやき) 붕어빵

Theme 2. 음식점에서

一押し(いちおし) 그 가게에서 가장 맛있는 메뉴

[おすすめ라고도 한다]

定番(ていばん) 정해진 메뉴

行きつけ(いきつけ) 단골

[常連(じょうれん)이라고도 한다]

日替わり(ひがわり)ランチ 매일 바뀌는 점심 메뉴

[일종의 손님을 끌기 위한 전략으로 정가보다 저렴한 가격에 다양한 메뉴를 맛볼 수 있다]

本場の味(ほんばのあじ) 본고장의 맛

● 真剣勝負(しんけんしょうぶ) 진검승부

수련용으로 사용하는 '목도'가 아니라, 진짜 칼인 '진검'으로 싸운다는 뜻이다. 진짜 칼로 싸운다는 것은 곧 '목숨을 내건다'는 뜻으로, 이 말은 목숨을 걸 만큼 온 힘을 다해 임하겠다는 강한 결의를 나타낼 때 많이 쓰인다. 에도시대 때, 가난한 사무라이들은 竹光(たけみつ)라고 하는 가짜 목검을 가지고 다녔다고 한다. 무사 계급의 체통은 지켜야겠고 진검을 살 형편은 안 되던 당시 상황이 잘 드러난 일화이다.

● 職人文化(しょくにんぶんか) 장인문화

職人(しょくにん)은 물건을 만드는 사람을 가리키는 말로, 우리말로는 '장인'에 해당한다. 아무리 사소한 것이라도 심혈을 기울여 제대로 만드는 사람을 뜻한다. 이러한 문화에 따라 일본의 코미디언도 망가질 때는 제대로 확실하게 망가진다.

● こだわり 고다와리

이 말은 일본에서 나쁜 의미로 쓰이지 않는다. 어떤 한 분야에 관하여 오랜 세월 동안 최고의 수준을 만들기 위해 그 분야의 제품에 쏟아붓는 고집과 열정을 뜨하는 말이다. 이 こだわり라는 말이 일본인들의 장인문화(職人文化)를 뒷받침해 주는 정신이자, 세계 최고 수준의 기술과 품질을 자랑하는 제품을 만들어내는 저력이 되기도 한다.

● 付(つ)き出(だ)し 츠키다시

한국 횟집에서 회를 주문했을 때 본 메뉴인 회가 나오기 전에 식욕을 돋우기 위해 제공되는 음식을 말한다. 우리나라에서는 '스끼다시'라고 부르는 것이 바로 이것인데, 생선, 미역, 해삼, 달걀, 두부, 죽순 등이 나온다. 원래는 본 메뉴에 곁들여 조금 나오는 요리인데, 한국의 횟집에서는 주객이 전도된 양상이다. 일본에서는 '츠키다시'가 거의 없다고 보는 편이 좋다.

Theme 1. 표준어와 사투리

	표준어	사투리
정말	ほんとう	はんま
오시다	いらっしゃる	きってはる
안돼!	だめ	あかん
갈게!	いくよ	いくで
있다고!	あるんだよ	あるやで
이것이다	これだ	これや
그럴 거야	そうだろう	そうやろう
~않다	~ない	~ん
~하지 않으면	~しないと	~せんと

Theme 2. 문장체와 회화체

	표준어	사투리
~해 버리다	~てしまう	~ちゃう ex) 行っちゃう 가 버리다
	~でしまう	~じゃう ex) 飲んじゃう 마셔 버리다
~해 버려!	~てしまえ	~ちゃえ ex) やっちゃえ 해버려!
~잖아	~じゃない	~じゃん ex) 違うじゃん 틀리잖아
이것은	これは	こりゃ
그렇게 한다면	そうすれば	そうすりゃ
~해야만 한다	~なければならない	~なきゃならん ex) 見なきゃならん 봐야만 한다
~해 두다	~ておく	~とく ex) 書いとく 써 두다
~하고 있어!	~ていて	~てて ex) 待ってて 기다리고 있어!

● 사투리를 가리키는 말

'사투리'의 정식 용어는 方言이라고 하지만, 실제 회화에서는 なまり라고 말한다. 또한, 弁이란 말도 있는데, 이 말은 사투리를 쓰면 해당 지역명을 앞에 붙여서 '지역명+弁'의 형태로 쓰인다. 뜻은 '~(지역) 사투리'라고 하면 된다. 예를 들어, '오사카 사투리'는 大阪弁이라고 한다. 또한, 말을 할 때 그 지방 특유의 억양이나 표현이 느껴지면 なまる 또는 なまっている라고 한다.

● 無視する 무시하다.

일본어로 無視する는 같은 한자말이지만 우리말과는 쓰임이 약간 다르다. 단순히 '무시하다'는 뜻으로만 쓰이고 '바보 취급을 하다, 업신여기다'와 같은 뜻으로는 쓰지 않는다. 일본어로 '바보 취급을 하다'는 馬鹿にする라고 하고, '업신여기다, 깔보다'는 なめる라고 한다.

● 사투리가 가장 심한 지역

방송에서 간사이 사투리가 나오긴 하지만, 워낙 자주 나오는 바람에 그렇게 알아듣기 힘든 말은 아니다. 실제 일본사람끼리도 잘 알아듣기 어려운 지역은 동북지방(東北地方)과 오키나와(沖縄) 정도다. 한편, 아이누족이 살고 있는 훗카이도(北海道)는 의외로 사투리가 심하지 않다. 오히려 해당 지역 출신의 젊은이들은 대부분 표준어를 바탕으로 말하기 때문에 그 지역 출신이라는 사실을 알아차릴 수 없을 만큼 표준어를 구사한다.

Theme 1. 압축 외래어

合コン　(남녀 간의) 미팅

[合同コンパ의 준말로, コンパ는 company를 뜻한다]

アポ　약속

ファミレス패밀리 레스토랑

[ファミリーレストラン의 준말]

エンタメ　엔터테이먼트

[エンターテインメント의 준말]

メアド메일 주소

[メール・アドレス의 준말]

シャメ　사진 메일

[シャメール의 준말로, シャ는 写真의 앞글자를 뜻한다]

Theme 2. 변형 외래어

ミーティング　미팅, 회의

[주로 사무적이고 딱딱한 만남]

コネ　인맥

[원래는 '파이프'를 뜻하는 말]

グルメ　미식가

クリア　해결, 통과

テンション　관심, 흥미, 집중도

フォロ　지지, 지원

[상대방 곁에서 격려하고 도와주는 것]

● 줄여서 쓰는 외래어를 이용한 대화문

1. 패밀리 레스토랑 : ファミリーレストラン → ファミレス

A : ファミレスでも行って、ご飯食べましょうか。

패밀리 레스토랑이라도 가서 밥 먹을까요?

B : ファミレスはもういやです。すし屋に行きましょう!

패밀리 레스토랑은 이제 싫어요, 초밥집에 갑시다!

1. 러브호텔 : ラブホテル → ラブホ

A : この辺にはラブホが多いですね!

이 근처에는 러브호텔이 많네요!

B : それは渋谷だからでしょう!

그야 시부야니까 그렇죠!

2. 핸드폰 : 携帯電話 → ケータイ

게임센터 : ゲームセンタ → ゲーセン

A : あっ、しまった!ケータイがない!

앗, 망했다! 핸드폰이 없어!

B : もしかして、ゲーセンに置き忘れたんじゃない?

혹시, 게임센터에 놓고 온 거 아냐?

● 발음이 어려운 외래어

- ロード·オブ·ザ·リング(Lord of the Ring) 반지의 제왕
- 여기서 ザ는 the를 뜻하며, ring도 リング라고 グ를 넣어서 쓴다.
- グッズ (goods) 상품 '굿즈'라고 발음해야 한다.
- クイズ (quiz) 퀴즈 '쿠이즈'라고 발음해야 한다.
- フィルム (film) 필름 '휘루무'라고 발음해야 한다.
- クオリティー (quality) 품질 '쿠오리티-'라고 발음해야 한다.

Theme 1. 준말 유행어

うざい　짜증스럽다, 왠지 싫다

きもい　징그럽다, 기분 나쁘다

[気持ち悪い의 준말]

おもろい　재미있다

[面白い의 준말]

しょぼい　약하다, 힘이 없다

ふざけんな　까불지 마, 장난치지 마

[ふざけるな의 준말]

へたをすると자칫 잘못하면

マジ　정말(로), 참으로

[本当に의 회화체 표현]

超むかつく왕 짜증난다

シカトする　무시하다

むずい　어렵다

[難しい의 준말]

おっさん　아저씨

[おじさん의 회화체 표현]

Theme 2. 생활 유행어

事故る　사고를 치다

メモる　메모하다

トラブる　트러블이 일어나다

告る　고백하다

めっちゃ　엄청, 무지

うまい 맛있다

[おいしい와 같은 뜻]

食う　먹다

[食べる와 같은 뜻]

電話に出る전화를 받아

留守電　부재중 전화

[留守番電話의 준말]

やばい　위험하다

[상황이 안좋아서 심리적으로 위험을 느낄 때 쓴다.]

頭打ちする해 볼 때까지 해 보다

● 유행어를 이용한 대화문

1. (남녀간의) 미팅 : 合コン

정말, 진짜, 엄청 : 超

'분위기 파악 못하다' 또는 그런 사람 : KY(ケーワイ)

A : この間、合コンで知り合った彼ね、超KY!

요전에 미팅에서 만난 그 남자 말이야, 엄청 분위기 파악 못해!

B : あら、本当に?

어머, 정말?

A : そうよ! この前、一緒に渋谷で飲んで、今日は帰りたくないって言ったの。

そしたら、朝まで喫茶店でずっとしゃべちゃった!

그래! 요전에 같이 시부야에서 술 마시고, 오늘은 집에 가고 싶지 않다고 했거든, 그랬더니, 아침까지 커피숍에서 계속 수다 떨었다는거 아냐!

B : それは本当にKYよね!

그건 정말 분위기 파악 못하는 사람이네!

2. 엄청, 무지 : めっちゃ

재미있다 : おもろい

웃기다 : うける

A : ねえ、猟奇的な彼女って映画、見た?

저기, '엽기적인 그녀'라는 영화 봤어?

B : 見た、見た! めっチャおもろい!

봤어, 봤어! 무지 재미있어!

A : あの男の子の表情、超うけるよ!

그 남자애 표정, 엄청 웃겨!

B : そうそう、私もそう思った!

그래 맞아, 나도 그렇게 생각했어!

Theme 1. 관련 어휘

斬る(き) (사람을) 베다. 죽이다

腹切る(はらき) 할복

[칼로 배를 그어 자살하는 것]

切腹(せつぷく) 절복

[실제로는 이 단어가 '할복'의 뜻으로 많이 쓰이고 있다]

介錯(かいしゃく) 전쟁에 패배한 무사가 할복할 때 그 고통을 줄이기 위해 부하가 대신 목을 베어 주는 것

切り捨てごめん(き す) 에도시대 때, 무사가 백성들을 칼로 베어 죽여도 죄를 묻지 않는다는 무시무시한 법

思い切り(おも き) 실컷, 맘껏, 하고 싶은 만큼

[직역하면 '생각을 잘라 버린다'는 뜻]

切ない(せつ) 애절하다

大切だ(だいせつ) 소중하다

Theme 2. 사무라이 문화

一生懸命(いっしょうけんめい) 열심히

[원래 一所懸命(いっしょうけんめい)라는 한자에서 유래된 것, 한 곳에서 열심히 뭔가를 한다는 뜻으로, 철저한 신분제 사회에서 생겨난 말]

大和(やまと) 야마토

[일본은 스스로를 和(わ)라고 부르므로, 이 말은 '대일본'이라는 뜻이 된다]

大和魂(やまと だましい) 야마토 혼

[일본의 근간을 이루고 있는 혼으로, 주로 우익들이 주장하고 있다]

掟(おきて) 규정, 규율

村八分(むらはちぶ) 무라하치부

[규율을 어긴 사람은 마을에서 일체 말을 걸지 않고 왕따를 시키는 것]

お上(かみ) 윗사람, 권력자

楯突くな(たて)(윗사람에게) 대들지 말라

[무사들의 지배하에 있던 일반 백성들의 공포심을 나타낸 말]

● マスコミ 매스컴

'언론'을 한자로 쓰면 言論이지만, 이 말은 잘 쓰지 않는다. 실제로는 신문이나 방송 등을 통틀어서 メディア또는 マスコミ라는 외래어로 쓰고 있다. '방송'을 지칭할 때는 주로 マスコミ라는 말을 많이 쓴다.

● 太刀打ち 경쟁

일본어 중에서 가장 쇼킹한 단어가 바로 이 말이다. 太刀는 칼 중에서도 가장 길고 큰 칼을 가리키는데, 이 칼은 서로 맞댄다는 뜻의 打ち다. 즉 서로 칼을 잡고 한판 붙자는 뜻이므로 '경쟁'이라고 해석하면 된다. 이 말은 현재 일상회화에서도 쓰이고 있는데, 太刀打ちできない의 형태로 써서 '경쟁이 되지 않는다, 경쟁할 수 없다'라는 뜻으로 가장 많이 쓰인다.

● 사무라이 칼

일본의 사무라이 영화나 시대극을 보면 사무라이가 허리에 차는 칼이 2개임을 알 수 있다. 하나는 앞서 언급한 太刀고, 또 하나는 脇差라고 부르는 단도를 차고 다녔다. 그러나 에도시대 때 가진 돈이 없어서 진검을 살 수 없었던 가난한 사무라이들은 竹光라는 목검을 차고 다녔다.

● 千円を切る 1000엔 이하가 되었다.

표현 그대로 직역하면 '1000엔을 자르다'는 뜻이 되는데, 이 말은 '1000엔이 무너졌다' 또는 1000엔보다 적은 금액인 '1000엔 이하가 되었다'는 뜻으로 쓰인다. 가까운 예로, 상품의 생산자가 가격을 인하해서 물건을 내놓을 때, 一万円を切る라는 표현을 쓰는 것을 볼 수 있는데, 이것은 '10000엔을 넘지 않는다, 10000엔 이하다'라고 해석한다. 또 다른 예로, 百日を切った도 있는데, 이것은 '100일 안쪽으로 들어왔다' 즉, '100일도 남지 않았다'는 뜻이다.

에듀컨텐츠·휴피아
ECH Educontents·Huepia